阅读中国·外教社中文分级系列读物

Reading China SFLEP Chinese Graded Readers

U0558617

总主编 程爱民

热闹的晚餐

A Happy Dinner

二级主编 柏亚东

编者 徐新颜

二级

3

上海外语教育出版社

SHANGHAI FOREIGN LANGUAGE EDUCATION PRESS

主编的话

　　每个学习外语的人在学习初期都会觉得外语很难，除了教材，其他书基本上看不懂。很多年前，我有个学生，他大学一年级时在外语学院图书室帮忙整理图书，偶然看到一本《莎士比亚故事集》，翻了几页，发现自己看得懂，一下子就看入了迷。后来，他一有空就去图书室看那本书，很快看完了，发现自己的英语进步不少。其实，那本《莎士比亚故事集》就是一本牛津英语分级读物。这个故事告诉我们，适合外语学习者水平的书籍对外语学习有多么重要。

　　英语分级阅读进入中国已有几十年了，但国际中文分级教学以及分级读物编写实践才刚刚起步，中文分级读物不仅在数量上严重不足，编写质量上也存在许多问题。因此，在《国际中文教育中文水平等级标准》出台之后，我们就想着要编写一套适合全球中文学习者的国际中文分级读物，于是便有了这套《阅读中国·外教社中文分级系列读物》。

　　本套读物遵循母语为非中文者的中文习得基本规律，参考英语作为外语教学分级读物的编写理念和方法，设置鲜明的中国主题，采用适合外国读者阅读心理和阅读习惯的叙事话语方式，对标《国际中文教育中文水平等级标准》，是国内外第一套开放型、内容与语言兼顾、纸质和数字资源深度融合的国际中文教育分级系列读物。本套读物第一辑共 36 册，其中，一——六级每级各 5 册，七—九级共 6 册。

　　读万卷书，行万里路，这是两种认识世界的方法。现在，中国人去看世界，外国人来看中国，已成为一种全球景观。中国历史源远流长，中国文化丰富多彩，中国式现代化不断推进和拓展，确实值得来看看。如果你在学中文，对中国文化感兴趣，推荐你看看这套《阅读中国·外教社中文分级系列读物》。它不仅能帮助你更好地学习中文，也有助于你了解一个立体、真实、鲜活的中国。

程爱民

2023 年 5 月

目录

1 热闹 的 晚餐

超纲词

热闹 rènao | lively; bustling with activity

为了 wèile | for, in order to

　　杰克是美国人，刚来中国的时候，为了更好地学习汉语，他住在
　　Jiékè shì Měiguó rén, gāng lái Zhōngguó de shíhou, wèile gènghǎo de xuéxí Hànyǔ, tā zhùzài

一个中国人家里。这是一个大家庭，家里有爷爷奶奶、爸爸妈妈和两
yí gè Zhōngguó rén jiālǐ. Zhè shì yí gè dà jiātíng, jiālǐ yǒu yéye nǎinai, bàba māma hé liǎng

个孩子：哥哥明明和妹妹乐乐。杰克有自己的房间和洗手间，也能自己
gè háizi: gēge Míngming hé mèimei Lèle. Jiékè yǒu zìjǐ de fángjiān hé xǐshǒujiān, yě néng zìjǐ

做饭吃。白天，爸爸妈妈去上班，孩子去上学，家里很安静。杰克发现
zuòfàn chī. Báitiān, bàba māma qù shàngbān, háizi qù shàngxué, jiā li hěn ānjìng. Jiékè fāxiàn

一天中最热闹的时候是吃晚饭时。
yìtiān zhōng zuì rènao de shíhou shì chī wǎnfàn shí.

　　晚上，工作了一天的爸爸妈妈回来了，上了一天学的孩子们也回来
　　Wǎnshang, gōngzuòle yì tiān de bàba māma huílái le, shàngle yì tiān xué de háizimen yě huílái

了。爷爷奶奶准备了一桌子好吃的饭菜，一家六口坐在桌子旁边，一边
le. Yéye nǎinai zhǔnbèile yì zhuōzi hǎochī de fàncài, yìjiā liù kǒu zuò zài zhuōzi pángbiān, yìbiān

吃饭一边说话。爸爸妈妈说一说今天的新闻，问一问老人和孩子们的
chīfàn yìbiān shuōhuà. Bàba māma shuō yi shuō jīntiān de xīnwén, wèn yi wèn lǎorén hé háizimen de

学习和生活，孩子们讲一讲学校里有意思的人和事，非常高兴。
xuéxí hé shēnghuó, háizimen jiǎng yi jiǎng xuéxiào lǐ yǒuyìsi de rén hé shì, fēicháng gāoxìng.

本级词

晚餐 wǎncān | dinner, supper	自己 zìjǐ | oneself, one's own	新闻 xīnwén | news, journalism
刚 gāng | just	做饭 zuòfàn | to cook	生活 shēnghuó | life
更 gèng | more	安静 ānjìng | quiet	讲 jiǎng | to speak
家庭 jiātíng | family	发现 fāxiàn | to find	有意思 yǒuyìsi | interesting

杰克在房间里 常 常 能 听到他们快乐的
Jiékè zài fángjiān lǐ chángcháng néng tīngdào tāmen kuàilè de

声 音 。
shēngyīn.

　　一个月以后，爷爷奶奶发现杰克很喜欢
　　Yí gè yuè yǐhòu ， yéye nǎinai fāxiàn Jiékè hěn xǐhuan

吃 中 国 菜，就请杰克跟他们一起吃晚饭。
chī Zhōngguó cài ， jiù qǐng Jiékè gēn tāmen yìqǐ chī wǎnfàn.

杰克非常高兴，每天 晚 上 都 很早回家。在这里，杰克认识了很多
Jiékè fēicháng gāoxìng ， měitiān wǎnshang dōu hěnzǎo huíjiā . Zài zhèlǐ ， Jiékè rènshile hěnduō

食物的名字，了解了 中 国孩子的学校 生 活和老年人的退休 生 活，
shíwù de míngzi ， liǎojiěle Zhōngguó háizi de xuéxiào shēnghuó hé lǎonián rén de tuìxiū shēnghuó ，

汉语也说得很好了。有时候，杰克也会讲讲他在美国的 生 活，介绍
Hànyǔ yě shuō de hěnhǎo le . Yǒushíhou ， Jiékè yě huì jiǎngjiǎng tā zài Měiguó de shēnghuó ， jièshào

一些他的国家里有意思的事，大家都很喜欢听。杰克觉得，一天 中 最
yìxiē tāde guójiā lǐ yǒuyìsi de shì ， dàjiā dōu hěn xǐhuan tīng. Jiékè juéde ， yìtiān zhōng zuì

快乐的时候就是在热闹的晚餐时间和 中 国 家庭聊天。
kuàilè de shíhou jiùshì zài rènao de wǎncān shíjiān hé Zhōngguó jiātíng liáotiān.

超纲词

了解 liǎojiě | to understand

退休 tuìxiū | to retire

聊天 liáotiān | to chat

 本级词

快乐 kuàilè | happy
声音 shēngyīn | sound, voice
以后 yǐhòu | later

食物 shíwù | food
老年 lǎonián | old age

得 de | (a particle used after
　　a verb or an adjective)
大家 dàjiā | everybody

现在，<u>杰克</u>不在这个家里住了，但是 这个家庭
Xiànzài， Jiékè bù zài zhège jiā li zhù le ， dànshì zhège jiātíng

的 每 个 人 都 是 他 最 好 的 朋 友 。 放假的时候，<u>杰克</u>
de měi gè rén dōu shì tā zuì hǎo de péngyou. Fàngjià de shíhou ， Jiékè

还 常 常 回去跟他们 一起 吃饭呢！
hái chángcháng huíqù gēn tāmen yìqǐ chīfàn ne ！

超纲词

每 měi | every

本级词

但是 dànshì | but, however

练 习

一、根据文章选择正确答案。

Choose the correct answer according to the article.

1. <u>杰克</u>刚来<u>中国</u>的时候，为什么住在<u>中国</u>人家里？（　　　）

　　A. 他喜欢吃<u>中国</u>菜。

　　B. 他要提高<u>汉语</u>水平。

　　C. 他们是好朋友。

2. <u>杰克</u>为什么觉得"一天中最快乐的时候是吃晚饭时"？（　　　）

　　A. 晚上爸爸妈妈和孩子们都回来了，他们一起吃饭。

　　B. 他们一边吃饭一边说话，非常高兴。

　　C. 以上都对。

3. 杰克什么时候开始和中国家庭一起吃晚饭？（　　　）

A. 刚来中国的时候。

B. 在中国家庭住了一个星期以后。

C. 在中国家庭住了一个月以后。

二、根据文章判断正误。

Tell right or wrong according to the article.

（　　　）1. 这个中国家庭里有六个人。

（　　　）2. 爷爷奶奶想听杰克讲美国的事，就请杰克一起吃晚饭。

（　　　）3. 现在杰克不住在中国人家里了，但是还每天去吃晚饭。

2 福 "倒" 了

超纲词

福 fú | good fortune

传统 chuántǒng | tradition, traditional

习俗 xísú | folk custom

春节是 <u>中国</u> 最重要的 传统 节日 ，在春节的时候要说好话，
Chūnjié shì Zhōngguó zuì zhòngyào de chuántǒng jiérì ， zài Chūnjié de shíhou yào shuō hǎo huà ，

不能说不好听的话。我们家那边有一个习俗 ，在春节的时候 ，做完了
bùnéng shuō bù hǎotīng de huà. Wǒmen jiā nàbiān yǒu yí gè xísú ， zài Chūnjié de shíhou ， zuò wánle

本级词

倒 dào | upside down

春节 Chūnjié | the Spring Festival or the Chinese
　　 New Year

节日 jiérì | festival

完 wán | to finish

事 不 能 说 "完 了"，应 该 说 "好 了"。
shì bùnéng shuō "wán le" , yīnggāi shuō "hǎo le" .

比如，吃 完 饭 要 说 "吃 好 了" 或者 "吃 饱
Bǐrú , chī wán fàn yào shuō "chī hǎo le" huòzhě "chī bǎo

了"。包 完 饺子，不 能 说 "包 完 了"，要
le" . Bāo wán jiǎozi , bùnéng shuō "bāo wán le" , yào

说 "包 好 了"。过 春节 时 也 不 能 说 "死" 这 个 字。比如，很 累 很 饿 的
shuō "bāo hǎo le" . Guò Chūnjié shí yě bùnéng shuō "sǐ" zhège zì . Bǐrú , hěn lèi hěn è de

时候 不 能 说 "累 死 了" "饿 死 了"，要 说 "太 累 了" "太 饿 了"。
shíhou bùnéng shuō "lèi sǐ le" "è sǐ le" , yào shuō "tài lèi le" "tài è le" .

　　大 年 三 十，我 们 去 奶奶 家 吃饭，爸爸 告诉 我 要 说 好话。见 了
Dànián sānshí , wǒmen qù nǎinai jiā chīfàn , bàba gàosu wǒ yào shuō hǎohuà . Jiànle

奶奶，我 大声 问好，也 帮 着 奶奶 做事，还 一起 包 饺子，大家 都 说
nǎinai , wǒ dàshēng wènhǎo , yě bāng zhe nǎinai zuòshì , hái yìqǐ bāo jiǎozi , dàjiā dōu shuō

我 长大 了！但是，中午 吃饭 前，我 忘记 了 要 说 好话，大声 说 了 句
wǒ zhǎngdà le ! Dànshì , zhōngwǔ chīfàn qián , wǒ wàngjì le yào shuō hǎohuà , dàshēng shuōle jù

"我 饿 死 了，什么 时候 吃饭 啊？" 爸爸 打 了 一下 我 的 手。我 心里 想，
"wǒ è sǐ le , shénme shíhou chīfàn a ?" Bàba dǎle yíxià wǒ de shǒu . Wǒ xīnlǐ xiǎng ,

一定 不 能 再 说 错 了！
yídìng bùnéng zài shuō cuò le !

　　下午，在 房间 里 看 电视 的 时候，我 发现 奶奶 的 "福" 字 贴 错 了，马上
Xiàwǔ , zài fángjiān lǐ kàn diànshì de shíhou , wǒ fāxiàn nǎinai de "fú" zì tiē cuò le , mǎshàng

跑 出去 告诉 她："您 的 '福' 字 贴……错……了。" 话 说 了 一半，我 不 敢
pǎo chūqù gàosu tā : "Nín de 'fú' zì tiē … cuò … le . " Huà shuō le yíbàn , wǒ bùgǎn

超纲词

死 sǐ | to die

贴 tiē | to stick, to paste

本级词

比如 bǐrú | for example　　　　大声 dàshēng | loud　　　　啊 ā | ah

或者 huòzhě | or　　　　　　　长大 zhǎngdà | to grow up　　心里 xīnlǐ | in one's heart

饱 bǎo | full　　　　　　　　　句 jù | sentence　　　　　一定 yídìng | certainly

饺子 jiǎozi | Chinese dumplings

说了，我想我<u>可能</u>又说了不好听的
shuōle，wǒ xiǎng wǒ kěnéng yòu shuōle bù hǎotīng de

话。<u>没想到</u>，奶奶一点儿也不生气，
huà. Méixiǎngdào，nǎinai yìdiǎnr yě bù shēngqì,

问我："你说说，怎么错了？"
wèn wǒ："Nǐ shuōshuō，zěnme cuò le？"

"就是……就是……福倒了！""对，
"Jiùshì … jiùshì … fú dào le！""Duì,

福到了！"奶奶高兴地说。爸爸告诉
fú dào le！"Nǎinai gāoxìng de shuō. Bàba gàosu

我，"福"字倒着贴是一<u>种</u>习俗，"福"字倒着贴的<u>意思</u>是福到了！
wǒ，"fú"zì dào zhe tiē shì yìzhǒng xísú，"fú"zì dào zhe tiē de yìsi shì fú dào le！

从那以后，我去别人家<u>拜年</u>的时候，看见门上有倒着贴的"福"
Cóng nà yǐhòu，wǒ qù biérén jiā bàinián de shíhou，kànjiàn mén shàng yǒu dàozhe tiē de "fú"

字，我就会大声说："福'倒'了，福到了！"
zì，wǒ jiù huì dàshēng shuō："Fú'dào'le，fú dào le！"

超纲词

没想到 méixiǎngdào | to hardly expect;
to be surprised

种 zhǒng | kind

拜年 bàinián | to pay someone a visit for
the Chinese New Year

注释：

大年三十 dànián sānshí
The last day of the year in the Chinese lunar calendar. On this day, people make dumplings, eat a sumptuous dinner for family reunion, set off firecrackers, and sometimes stay up all night.

本级词

可能 kěnéng | probably   又 yòu | again   意思 yìsi | meaning

练 习

一、根据文章选择正确答案。

Choose the correct answer according to the article.

1. 春节的时候，下面哪句话不能说？（　　　）

　　A. 太饿了！　　　　　　　B. 累死了！　　　　　　　C. 包好了！

2. 中午吃饭前，爸爸为什么打了一下我的手？（　　　）

　　A. 我没有包饺子。　　　B. 我吃得太多了。　　　C. 我说错话了。

3. 我为什么觉得奶奶的"福"字贴错了？（　　　）

　　A. "福"字写得不对。

　　B. "福"字贴倒了。

　　C. "福"字贴的地方不对。

二、根据文章判断正误。

Tell right or wrong according to the article.

（　　　）1. 春节是人们最重视的传统节日，不能说不好听的话。

（　　　）2. 春节的时候，不能说"我包好饺子了"。

（　　　）3. 春节的时候，"福"字常常倒着贴。

3 外婆的 红包

超纲词

外婆 wàipó | grandmother

红包 hóngbāo | red envelope (usually containing money, given as a gift)

大年初一，爸爸妈妈准备 带我去外婆家拜年。一听到 拜年，我太高兴
Dànián chūyī， bàba māma zhǔnbèi dài wǒ qù wàipó jiā bàinián. Yì tīngdào bàinián， wǒ tài gāoxìng

了！对，就是又能 收红包了！但是妈妈走过来对我说："儿子，外婆
le！Duì， jiùshì yòu néng shōu hóngbāo le！Dànshì māma zǒu guòlái duì wǒ shuō："Érzi， wàipó

八十多岁了，今年你不要收红包了！红包的钱 让外婆自己用吧！"
bāshí duō suì le， jīnnián nǐ búyào shōu hóngbāo le！Hóngbāo de qián ràng wàipó zìjǐ yòng ba！"

我一听，很不高兴，但是在妈妈面前，我答应了。不过，我心里有
Wǒ yì tīng， hěn bù gāoxìng， dànshì zài māma miànqián， wǒ dāyìng le. Búguò， wǒ xīnlǐ yǒu

一个别的想法。
yí gè biéde xiǎngfǎ.

本级词

带 dài | to take

收 shōu | to collect

对 duì | to (used as a preposition to introduce an object)

不要 búyào | don't

让 ràng | to let, to allow

面前 miànqián | in the face of (someone)

答应 dāyìng | to answer, to promise

不过 búguò | however

想法 xiǎngfǎ | idea

到了外婆家，外婆高兴地拿出很多我
Dàole wàipó jiā, wàipó gāoxìng de náchū hěnduō wǒ

爱吃的零食和水果，还帮我打开电视，让
ài chī de língshí hé shuǐguǒ, hái bāng wǒ dǎkāi diànshì, ràng

我看喜欢的电影。我拿着零食，一边吃一边
wǒ kàn xǐhuan de diànyǐng. Wǒ názhe língshí, yìbiān chī yìbiān

看电视。吃饭前，外婆走过来，对我说："孩子，今天是大年初一，外婆
kàn diànshì. Chīfàn qián, wàipó zǒu guòlái, duì wǒ shuō: "Háizi, jīntiān shì dànián chūyī, wàipó

祝你学习越来越好，这个红包给你！"看着外婆拿来的大红包，我刚
zhù nǐ xuéxí yuèláiyuè hǎo, zhège hóngbāo gěi nǐ!" Kànzhe wàipó nálái de dà hóngbāo, wǒ gāng

想收，但是看到坐在桌子旁边的妈妈，马上做出不要红包的样子，
xiǎng shōu, dànshì kàndào zuò zài zhuōzi pángbiān de māma, mǎshàng zuòchū búyào hóngbāo de yàngzi,

大声说："外婆，今年我不要红包！"但是我一边说，一边把自己的
dàshēng shuō: "Wàipó, jīnnián wǒ búyào hóngbāo!" Dànshì wǒ yìbiān shuō, yìbiān bǎ zìjǐ de

小包打开。外婆看见了，马上就明白了我的意思，把红包放进了我的
xiǎo bāo dǎkāi. Wàipó kànjiàn le, mǎshàng jiù míngbai le wǒ de yìsi, bǎ hóngbāo fàngjìnle wǒ de

包里。
bāo lǐ.

"妈妈，我去下洗手间！"没等妈妈回答，我就跑进了洗手间。眼睛
"Māma, wǒ qù xià xǐshǒujiān!" Méi děng māma huídá, wǒ jiù pǎojìn le xǐshǒujiān. Yǎnjing

看着门口，怕妈妈进来，我从包里拿出红包，一张、两张……九
kànzhe ménkǒu, pà māma jìnlai, wǒ cóng bāo lǐ náchū hóngbāo, yì zhāng, liǎng zhāng … jiǔ

张、十张。啊，是一千元的大红包！
zhāng, shí zhāng. Ā, shì yìqiān yuán de dà hóngbāo!

超纲词	
祝 zhù	to wish
把 bǎ	(used before an object)
张 zhāng	(a measure word for paper)

本级词	
拿出 náchū | to take out	眼睛 yǎnjing | eye
越来越 yuèláiyuè | more and more	怕 pà | to fear, to be afraid
样子 yàngzi | appearance	千 qiān | thousand

吃 完 饭 ， 我 们 回 家 了 。 上 车 后 ， 我
Chī wán fàn , wǒmen huíjiā le . Shàngchē hòu , wǒ

想 自 己 拿 五 百 元 ， 给 妈 妈 五 百 元 。 但 是
xiǎng zìjǐ ná wǔbǎi yuán , gěi māma wǔbǎi yuán . Dànshì

我 拿 出 钱 一 看 ， 怎 么 是 绿色 的 ？ 一百 元 不是 红色 的 吗 ？ 我 以为 是 车 里 的
wǒ náchū qián yí kàn , zěnme shì lǜsè de ? Yìbǎi yuán búshì hóngsè de ma ? Wǒ yǐwéi shì chēlǐ de

灯 光 不对 ， 马 上 跑 下 车 ， 再 一 看 ， 真 的 是 绿色 的 ！ 大 红 包 里 原来
dēngguāng búduì , mǎshàng pǎoxià chē , zài yí kàn , zhēnde shì lǜsè de ! Dà hóngbāo lǐ yuánlái

是 十 张 五 十 元 的 ！
shì shí zhāng wǔshí yuán de !

注释：

大年初一 dànián chūyī
The first day of the first month in the Chinese lunar calendar. On this day, people usually pay New Year's visits to their relatives and friends.

红 包 hóngbāo
Red envelopes, usually containing money, given as gifts to people of a younger generation during festivals, especially the Spring Festival.

本级词

绿色 lǜsè | green

红色 hóngsè | red

以为 yǐwéi | to think, to believe

原来 yuánlái | it turns out …

练 习

一、根据文章选择正确答案。

Choose the correct answer according to the article.

1. 为什么一听到去外婆家拜年，我就非常高兴？（　　　）

　　A. 我很爱外婆。

　　B. 在外婆家能吃好吃的零食。

　　C. 能收外婆的红包了。

2. 我一边说"外婆，今年我不要红包!"，一边把自己的小包打开，这是为什么？（　　　）

　　A. 我不想要红包。

　　B. 我想让外婆把红包放进我的小包里。

　　C. 我想从我的小包里拿东西。

3. 外婆的红包里有多少钱？

　　A. 一百元。　　　　　　B. 五百元。　　　　　　C. 一千元。

二、根据文章判断正误。

Tell right or wrong according to the article.

（　　　）1. 今年，妈妈让我不要收外婆的红包。

（　　　）2. 红包里有十张钱。

（　　　）3. 一百元是绿色的，五十元是红色的。

4 王朋的外卖故事

超纲词

解决 jiějué | to solve

平台 píngtái | platform

面条 miàntiáo | noodle

王朋，今年二十五岁，去年离开家人来到上海工作。一个人的
Wáng Péng， jīnnián èrshíwǔ suì， qùnián líkāi jiārén láidào Shànghǎi gōngzuò. Yí gè rén de

生活很舒服，但是吃饭很不方便。他不想自己做饭，也不想出去
shēnghuó hěn shūfu， dànshì chīfàn hěn bù fāngbiàn. Tā bù xiǎng zìjǐ zuòfàn， yě bù xiǎng chūqù

吃。所以，他常常叫外卖。叫外卖不但方便，解决了他的吃饭
chī. Suǒyǐ， tā chángcháng jiào wàimài. Jiào wàimài búdàn fāngbiàn， jiějué le tā de chīfàn

问题，带给他很多快乐，还帮了他的大忙。
wèntí， dàigěi tā hěnduō kuàilè， hái bāngle tā de dàmáng.

有一天，王朋改变了他在外卖平台的名字，新名字叫"可爱的
Yǒu yì tiān， Wáng Péng gǎibiànle tā zài wàimài píngtái de míngzi， xīn míngzi jiào "kě'ài de

包子"，但是他很快就忘了这事。上星期的一天中午，王朋在
bāozi"， dànshì tā hěnkuài jiù wàngle zhè shì. Shàng xīngqī de yì tiān zhōngwǔ， Wáng Péng zài

公司叫了外卖，然后接了一个电话："你好，请问你是'可爱的包子'
gōngsī jiàole wàimài， ránhòu jiēle yí gè diànhuà： "Nǐhǎo， qǐngwèn nǐ shì ' kě'ài de bāozi '

吗？""什么'可爱的包子'？你怎么不说我是'可爱的面条'呢？"
ma？ " "Shénme ' kě'ài de bāozi '？ Nǐ zěnme bù shuō wǒ shì ' kě'ài de miàntiáo ' ne？ "

本级词

外卖 wàimài | take-out food	不但 búdàn | not only	可爱 kě'ài | lovely
离开 líkāi | to leave	方便 fāngbiàn | convenient	公司 gōngsī | company
舒服 shūfu | comfortable	问题 wèntí | problem	然后 ránhòu | then
所以 suǒyǐ | therefore	改变 gǎibiàn | to change	接 jiē | to answer (a phone call)

超纲词

挂 guà | to hang up (a phone)

电梯 diàntī | elevator

说完，<u>王 朋</u>就挂了电话。过了一会儿，他
shuōwán, Wáng Péng jiù guàle diànhuà. Guòle yíhuìr, tā

拿起电话打回去："你好，是外卖小哥吗？
náqǐ diànhuà dǎ huíqù: "Nǐhǎo, shì wàimài xiǎogē ma?

对对对，我就是'可爱的包子'，不好意思啊。
Duì duì duì, wǒ jiùshì 'kě'ài de bāozi', bùhǎoyìsi a.

我的外卖到了啊，好的，我马上出去拿。"公司的同事们都笑了。
Wǒde wàimài dàole a, hǎode, wǒ mǎshàng chūqù ná." Gōngsī de tóngshìmen dōu xiàole.

还有一次，外卖小哥给<u>王 朋</u>打电话说："我让外卖坐电梯上去
Háiyǒu yí cì, wàimàixiǎogē gěi Wáng Péng dǎ diànhuà shuō: "Wǒ ràng wàimài zuò diàntī shàngqù

了！"<u>王 朋</u>说："什么？"他以为自己没听清楚。外卖小哥说：
le!" Wáng Péng shuō: "Shénme?" Tā yǐwéi zìjǐ méi tīng qīngchu. Wàimài xiǎogē shuō:

"外卖自己坐电梯上去了！你站在电梯门口等它！"<u>王 朋</u>打开门，
"Wàimài zìjǐ zuò diàntī shàngqù le! Nǐ zhànzài diàntī ménkǒu děng tā!" Wáng Péng dǎkāi mén,

然后就听见电梯响了，电梯门一开，外卖就在电梯里。
ránhòu jiù tīngjiàn diàntī xiǎng le, diàntī mén yì kāi, wàimài jiù zài diàntī lǐ.

本级词

不好意思 bùhǎoyìsi | sorry

清楚 qīngchu | clear

它 tā | it

响 xiǎng | to make a sound

15

昨天，<u>王 朋</u>和妹妹打 电话，妹妹告诉
Zuótiān， WángPéng hé mèimei dǎ diànhuà， mèimei gàosu

他今天有一个重要的考试，让他早上打
tā jīntiān yǒu yí gè zhòngyào de kǎoshì， ràng tā zǎoshang dǎ

个电话叫醒她。但是早上打电话的时候，<u>王 朋</u>发现妹妹的电话关机
gè diànhuà jiàoxǐng tā． Dànshì zǎoshang dǎ diànhuà de shíhou， Wáng Péng fāxiàn mèimei de diànhuà guānjī

了。这怎么办呢？<u>王 朋</u>马上叫了一个外卖，还写了一句话："家里有
le． Zhè zěnme bàn ne？ Wáng Péng mǎshàng jiàole yí gè wàimài， hái xiěle yí jù huà： "Jiālǐ yǒu

一个人正在睡觉，请叫醒她。"最后，外卖小哥真的叫醒了妹妹！
yí gè rénzhèngzài shuìjiào， qǐng jiàoxǐng tā． " Zuìhòu， wàimài xiǎogē zhēnde jiàoxǐngle mèimei！

本级词

关机 guānjī | to turn off (a machine, a phone, etc.)

怎么办 zěnme bàn | what to do

练 习

一、根据文章选择正确答案。

Choose the correct answer according to the article.

1. 下面哪个不是叫外卖的好处？（　　　）

　A. 外卖很好吃。

　B. 叫外卖很方便。

　C. 外卖小哥帮了<u>王朋</u>的大忙。

2. 王朋为什么挂了外卖小哥的电话？（　　　）

　　A. 他很忙。

　　B. 他不喜欢这个外卖小哥。

　　C. 他忘了自己的新名字。

3. 王朋是怎么叫醒妹妹的？（　　　）

　　A. 他自己打电话叫醒了妹妹。

　　B. 他去妹妹家叫醒了妹妹。

　　C. 他让外卖小哥叫醒了妹妹。

二、根据文章判断正误。

Tell right or wrong according to the article.

（　　　）1. 王朋觉得一个人的生活很舒服，他很喜欢自己做饭吃。

（　　　）2. 王朋在外卖平台的名字是"可爱的面条"。

（　　　）3. 有一次，外卖小哥自己没上去，他让外卖自己坐电梯上去。

5 小小的**细节**

超纲词

细节 xìjié | detail

拨 bō | to dial

号码 hàomǎ | number

开始 kāishǐ | to start

<u>李天</u>在<u>上海</u>有三个最好的朋友，每个月的最后一个周末，他们
Lǐ Tiān zài Shànghǎi yǒu sān gè zuì hǎo de péngyou, měi gè yuè de zuìhòu yí gè zhōumò, tāmen

都在一起吃饭、聊天。一次，他们在一个朋友家玩儿，<u>李天</u>发现朋友给
dōu zài yìqǐ chīfàn, liáotiān. Yí cì, tāmen zài yí gè péngyou jiā wánr, Lǐ Tiān fāxiàn péngyou gěi

他爸爸妈妈打电话的时候拨了两次电话号码，第一次拨过去以后，电话
tā bàba māma dǎ diànhuà de shíhou bōle liǎng cì diànhuà hàomǎ, dì-yī cì bō guòqù yǐhòu, diànhuà

响了三声就挂了，过了两分钟，再拨第二次，然后才开始说话。
xiǎngle sān shēng jiù guàle, guòle liǎng fēnzhōng, zài bō dì-èr cì, ránhòu cái kāishǐ shuōhuà.

"你第一次打电话的时候，你爸爸妈妈正在和别人打电话吗？"<u>李</u>
"Nǐ dì-yī cì dǎ diànhuà de shíhou, nǐ bàba māma zhèngzài hé biérén dǎ diànhuà ma?" Lǐ

天问朋友。
Tiān wèn péngyou.

"不是。"
"Búshì."

<u>李天</u>又问："是因为你还没想好说什么吗？"
Lǐ Tiān yòu wèn: "Shì yīnwèi nǐ hái méi xiǎnghǎo shuō shénme ma?"

"也不是。"
"Yě búshì."

本级词

周末 zhōumò	weekend	分钟 fēnzhōng	minute
过去 guòqù	(used after a verb to indicate a direction)	才 cái	just
	因为 yīnwèi	because

"那你为什么拨了两次电话？"李天
" Nà nǐ wèishénme bōle liǎng cì diànhuà？" Lǐ Tiān

觉得很奇怪。
juéde hěn qíguài.

朋友笑了笑，说："你不知道，我
Péngyou xiào le xiào, shuō: " Nǐ bù zhīdao, wǒ

超纲词

奇怪 qíguài | strange

撞 zhuàng | to bump against

爸爸妈妈都是接电话非常急的人，听见电话响，就会跑着去接。可是
bàba māma dōu shì jiē diànhuà fēicháng jí de rén, tīngjiàn diànhuà xiǎng, jiù huì pǎozhe qù jiē. Kěshì

他们已经七十多岁了，这样很不安全。有一次，我妈妈为了接电话，腿
tāmen yǐjīng qīshí duō suì le, zhèyàng hěn bù ānquán. Yǒu yí cì, wǒ māma wèile jiē diànhuà, tuǐ

撞到了桌子上，疼了很长时间。从那时候开始，我就和两个老人
zhuàng dàole zhuōzi shàng, téngle hěncháng shíjiān. Cóng nà shíhou kāishǐ, wǒ jiù hé liǎng gè lǎorén

说好，以后接电话的时候不要跑。我先拨一次电话，给他们一点准备
shuōhǎo, yǐhòu jiē diànhuà de shíhou búyào pǎo. Wǒ xiān bō yí cì diànhuà, gěi tāmen yìdiǎn zhǔnbèi

的时间。然后再拨第二次电话，这样他们就不用那么急了。"
de shíjiān. Ránhòu zài bō dì-èr cì diànhuà, zhèyàng tāmen jiù búyòng nàme jí le. "

 本级词

为什么 wèishénme | why	这样 zhèyàng | like this	疼 téng | (to be) painful
急 jí | anxious	安全 ānquán | safe, safety	那时候 nàshíhou | at that time
可是 kěshì | but, however	腿 tuǐ | leg	那么 nàme | so
已经 yǐjīng | already		

李天觉得非常 感动。人们 常 常 说要对爸爸妈妈好，这个小小
Lǐ Tiān juéde fēicháng gǎndòng. Rénmen chángcháng shuō yào duì bàba māma hǎo, zhège xiǎoxiǎo

的细节，不就是对爸爸妈妈最好的 关 心 和照顾吗？朋友离开家来上海
de xìjié, bù jiùshì duì bàba māma zuìhǎo de guānxīn hé zhàogù ma? Péngyou líkāi jiā lái Shànghǎi

已经三年了，因为不在一个地方，所以不能 每天照顾爸爸妈妈。为了
yǐjīng sān nián le, yīnwei bú zài yí gè dìfang, suǒyǐ bùnéng měitiān zhàogù bàba māma. Wèile

他们的安全，多拨一次电话，这是一件 很 小 的事，但是这个小小的
tāmen de ānquán, duō bō yí cì diànhuà, zhè shì yí jiàn hěn xiǎo de shì, dànshì zhège xiǎoxiǎo de

细节让大家看到了 朋友 对他爸爸妈妈的爱和关心。
xìjié ràng dàjiā kàndàole péngyou duì tā bàba māma de ài hé guānxīn.

本级词

感动 gǎndòng | to be moved

人们 rénmen | people

关心 guānxīn | (to take) care

照顾 zhàogù | to look after

件 jiàn | (a measure word for an object, an event, etc.)

练 习

一、根据文章选择正确答案。

Choose the correct answer according to the article.

1. 朋友是怎么给他爸爸妈妈打电话的？（   ）

　A. 只拨一次。

　B. 先拨一次，马上再拨第二次。

　C. 先拨一次，过两分钟再拨第二次。

2. 朋友为什么要打两次电话？（　　　）

    A. 给爸爸妈妈准备的时间。

    B. 爸爸妈妈正在和别人打电话。

    C. 他不知道要说什么。

3. 我为什么十分感动？（　　　）

    A. 朋友很爱爸爸妈妈，每天都给他们打电话。

    B. 朋友很爱爸爸妈妈，常常回去照顾他们。

    C. 多拨一次电话号码这个细节让我看到了朋友对爸爸妈妈的爱。

二、根据文章判断正误。

Tell right or wrong according to the article.

（　　　）1. 朋友的爸爸妈妈快七十岁了。

（　　　）2. 有一次，朋友的妈妈为了接电话，腿撞到了桌子上。

（　　　）3. 朋友不能每天照顾爸爸妈妈，但是他很关心爸爸妈妈。

6 在网上买东西

超纲词

呀 ya | ah

价格 jiàgé | price

质量 zhìliàng | quality

一天，我放学回家，看见奶奶穿了一件漂亮的衣服，我问奶奶：
Yì tiān， wǒ fàngxué huíjiā， kànjiàn nǎinai chuānle yí jiàn piàoliang de yīfu， wǒ wèn nǎinai：

"您今天去商场了吗？" "没有呀！我这件衣服是用手机买的，
"Nín jīntiān qù shāngchǎng le ma？" "Méiyǒu ya！Wǒ zhèjiàn yīfu shì yòng shǒujī mǎide，

怎么样？漂亮吗？" "好看，真好看呀！"不过我觉得有点儿奇怪。
zěnmeyàng？ Piàoliang ma？" "Hǎokàn， zhēn hǎokàn ya！" Búguò wǒ juéde yǒudiǎnr qíguài.

奶奶以前最不喜欢在网上买东西，老是觉得网上的东西虽然价格
Nǎinai yǐqián zuì bù xǐhuan zài wǎngshàng mǎi dōngxi， lǎoshi juéde wǎngshàng de dōngxi suīrán jiàgé

便宜，但是质量一定不好，而且买衣服也不能试，很有可能不合适，
piányi， dànshì zhìliàng yídìng bùhǎo， érqiě mǎi yīfu yě bùnéng shì， hěn yǒu kěnéng bù héshì，

所以她还是喜欢去商场买东西。我问奶奶："奶奶，您以前不是不
suǒyǐ tā háishì xǐhuan qù shāngchǎng mǎi dōngxi. Wǒ wèn nǎinai： "Nǎinai， nín yǐqián búshì bù

喜欢在网上买东西吗？今天怎么在网上买衣服？"
xǐhuan zài wǎngshàng mǎi dōngxi ma？ Jīntiān zěnme zài wǎngshàng mǎi yīfu？"

本级词

漂亮 piàoliang | pretty	虽然 suīrán | although
怎么样 zěnmeyàng | how (about)	便宜 piányi | inexpensive
有点儿 yǒudiǎnr | a little	而且 érqiě | and
以前 yǐqián | before	合适 héshì | suitable, appropriate
老是 lǎoshì | always	

"我来告诉你吧！"爷爷说。原来，上次
"Wǒ lái gàosu nǐ ba！" Yéye shuō. Yuánlái, shàngcì

奶奶在 商 场 买了一件新衣服，去旅行的时候
nǎinai zài shāngchǎng mǎile yí jiàn xīn yīfu， qù lǚxíng de shíhou

碰到了她的好朋友，两个人的衣服完全
pèngdàole tā de hǎo péngyou， liǎng gè rén de yīfu wánquán

一样，奶奶的衣服是在 商 场 买的，花了两百块，她好朋友的衣服
yíyàng， nǎinai de yīfu shì zài shāngchǎng mǎi de， huāle liǎngbǎi kuài， tā hǎo péngyou de yīfu

是在 网 上 买的，才一百块！ 两 件衣服的颜色一样，样子一样，质量
shì zài wǎngshàng mǎi de， cái yìbǎi kuài！ Liǎng jiàn yīfu de yánsè yíyàng， yàngzi yíyàng， zhìliàng

也一样好，可是奶奶多 花了一百块 钱。奶奶这才发现 网 上 也是有 好
yě yíyànghǎo， kěshì nǎinai duō huāle yìbǎi kuài qián. Nǎinai zhè cái fāxiàn wǎngshàng yě shì yǒu hǎo

东西的， 所以改变了想法， 也开始在 网 上 买东西了。"你看， 我的
dōngxi de， suǒyǐ gǎibiànle xiǎngfǎ， yě kāishǐ zài wǎngshàng mǎi dōngxi le. "Nǐ kàn， wǒ de

鞋、手 表 和这支笔都是你奶奶从 网 上 给我买的，又便宜又 好！"
xié， shǒubiǎo hé zhè zhī bǐ dōushì nǐ nǎinai cóng wǎngshàng gěi wǒ mǎi de， yòu piányi yòu hǎo！"

爷爷高兴地说。
Yéye gāoxìng de shuō.

超纲词

支 zhī | (a measure word for a pen, a song, a team, etc.)

本级词

旅行 lǚxíng | to travel

碰到 pèngdào | to meet

完全 wánquán | completely

颜色 yánsè | color

鞋 xié | shoes

手表 shǒubiǎo | wrist watch

笔 bǐ | pen

"奶奶，您现在不但会用手机打电话，还会
" Nǎinai， nín xiànzài búdàn huì yòng shǒujī dǎ diànhuà， hái huì

用手机在网上买东西，您真是越来越年轻
yòng shǒujī zài wǎngshàng mǎi dōngxi， nín zhēnshì yuèláiyuè niánqīng

啦！"我笑着说，"不过您不怕网上买的
la！" Wǒ xiào zhe shuō， " Búguò nín búpà wǎngshàng mǎi de

衣服不合适吗？"奶奶马上回答，"那没关系，如果觉得不合适，可以
yīfu bù héshì ma？" Nǎinai mǎshàng huídá， " Nà méi guānxi， rúguǒ juéde bù héshì， kěyǐ

换呀，很方便的。"
huàn ya， hěn fāngbiàn de. "

奶奶还说，从明天开始，她打算在网上买菜，再买点儿鲜花！
Nǎinai hái shuō， cóng míngtiān kāishǐ， tā dǎsuàn zài wǎngshàng mǎi cài， zài mǎi diǎnr xiānhuā！

超纲词

鲜花 xiānhuā | flower

本级词

如果 rúguǒ | if
可以 kěyǐ | can

换 huàn | to change, to replace
打算 dǎsuàn | to plan

练 习

一、根据文章选择正确答案。

Choose the correct answer according to the article.

1. 奶奶以前为什么不喜欢在网上买东西？（　　　）

A. 她觉得网上的东西不便宜。

B. 她觉得网上的东西质量不好。

C. 她觉得网上买东西不方便。

2. 奶奶买衣服比她的朋友多花了多少钱？（　　　）

    A. 一百元。   B. 两百元。   C. 一百五十元。

3. 现在，奶奶为什么不怕在网上买的衣服不合适？（　　　）

    A. 网上买的衣服很便宜。

    B. 网上买的衣服质量很好。

    C. 如果衣服不合适，可以换。

二、根据文章判断正误。

Tell right or wrong according to the article.

（　　　　）1. 奶奶朋友的衣服是在商场买的。

（　　　　）2. 奶奶在网上买的鞋和手表质量很好，但是不便宜。

（　　　　）3. 奶奶以后还要在网上买菜。

7 在"外婆家"吃饭

杰克 刚 来 中国 的时候， 一个 中国 朋友 请 他 去 吃饭， 告诉 他
Jiékè gāng lái Zhōngguó de shíhou, yí gè Zhōngguó péngyou qǐng tā qù chīfàn, gàosu tā

星期六 晚 上 六点 在 学校 旁边 的 "外婆家" 见面。 杰克 觉得 很 奇怪，
xīngqīliù wǎnshang liù diǎn zài xuéxiào pángbiān de "Wàipó Jiā" jiànmiàn. Jiékè juéde hěn qíguài,

朋友 不是 说 请 他 去 饭店 吃饭 吗？ 怎么 又 告诉 他 去 外婆 的 家里 吃饭？ 他
péngyou búshì shuō qǐng tā qù fàndiàn chīfàn ma? Zěnme yòu gàosu tā qù wàipó de jiālǐ chīfàn? Tā

上 网 查了 一下， 才 知道 "外婆家" 是 学校 旁边 一个 饭店 的 名字。
shàngwǎng chále yíxià, cái zhīdào "Wàipó Jiā" shì xuéxiào pángbiān yí gè fàndiàn de míngzi.

网 上 还说 "外婆家" 是 一个 杭州 菜饭店， 那里 的 菜 又 便宜 又好吃，
wǎngshàng hái shuō "Wàipó Jiā" shì yí gè Hángzhōu cài fàndiàn, nàlǐ de cài yòu piányi yòu hǎochī,

很多 人 都 喜欢 去 那儿 吃饭。
hěnduō rén dōu xǐhuan qù nàr chīfàn.

周末 在 "外婆家"， 人 真的 很多， 杰克 和 朋友 排队 花了 一个 半
Zhōumò zài "Wàipó Jiā", rén zhēnde hěnduō, Jiékè hé péngyou páiduì huāle yí gè bàn

小时。他们 点了 饭店 里 最 有名 的 两个菜——外婆 红烧 肉 和 茶 香 鸡。
xiǎoshí. Tāmen diǎnle fàndiàn lǐ zuì yǒumíng de liǎng gè cài —— wàipó hóngshāo ròu hé chá xiāng jī.

本级词

查 chá | to check	排队 páiduì | to line up

红 烧 肉不是很油。茶 香 鸡有点儿咸，不过
Hóngshāo ròu búshì hěn yóu. Chá xiāng jī yǒudiǎnr xián, búguò

鸡肉很好吃，还有茶叶的香味，味道很
jīròu hěn hǎochī, hái yǒu cháyè de xiāngwèi, wèidào hěn

特别。他们还点了青豆泥，甜甜的，和咸咸
tèbié. Tāmen hái diǎn le qīngdòu ní, tián tián de, hé xiánxián

的鸡肉一起吃，很合适。
de jīròu yìqǐ chī, hěn héshì.

杰克发现，来"外婆家"吃饭的人很多都是
Jiékè fāxiàn, lái "Wàipó Jiā" chīfàn de rénhěnduō dōushì

超纲词

咸 xián | salty
鸡肉 jīròu | chicken
茶叶 cháyè | tea
香味 xiāngwèi | fragrance
甜 tián | sweet
一家人 yìjiārén | all of the same family
吵架 chǎojià | to quarrel

一家人，有的是爸爸妈妈带着孩子，有的是爷爷奶奶爸爸妈妈和孩子们
yìjiārén, yǒude shì bàba māma dài zhe háizi, yǒude shì yéye nǎinai bàba māma hé háizimen

一起来吃饭，也有一些是朋友们一起来吃饭。那天，坐在杰克他们旁边
yìqǐ lái chīfàn, yěyǒu yìxiē shìpéngyoumen yìqǐ lái chīfàn. Nàtiān, zuò zài Jiékè tāmen pángbiān

的是两个老人，他们是朋友，一边聊天一边吃饭，很开心。忽然，这
de shì liǎng gè lǎorén, tāmen shì péngyou, yìbiān liáo tiān yìbiān chīfàn, hěn kāixīn. Hūrán, zhè

两个老人大声地说着什么。杰克觉得很奇怪，刚才他们还在很开心
liǎng gè lǎorén dàshēng de shuō zhe shénme. Jiékè juéde hěn qíguài, gāngcái tāmen hái zài hěn kāixīn

地聊天，怎么忽然就开始吵架了呢？朋友告诉杰克，这两个人不是在
de liáotiān, zěnme hūrán jiù kāishǐ chǎojià le ne？ Péngyou gàosu Jiékè, zhè liǎng gè rén búshì zài

本级词

油 yóu | oily
味道 wèidào | taste
特别 tèbié | special
开心 kāixīn | happy
忽然 hūrán | suddenly
刚才 gāngcái | just now

吵架，是在 争 着付钱，他们都 想 请客！
chǎojià， shì zài zhēngzhe fùqián， tāmen dōu xiǎng qǐngkè！

杰克觉得这和美国人很不一样。不过，朋友
Jiékè juéde zhè hé Měiguó rén hěn bù yíyàng。 Búguò， péngyou

也说，现在年轻 人一般都不这样了，每个人付
yě shuō， xiànzài niánqīng rén yìbān dōu bú zhèyàng le， měi gè rén fù

自己的钱，或者这次你付钱，下次他付钱。
zìjǐ de qián， huòzhě zhècì nǐ fùqián， xiàcì tā fùqián。

注释：

红烧肉 hóngshāo ròu
braised pork in brown sauce

青豆泥 qīngdòu ní
puree of peas

茶香鸡 chá xiāng jī
tea-flavored chicken

本级词

请客 qǐngkè | to entertain guests, to pay for a meal

一般 yìbān | commonly, generally

练习

一、根据文章选择正确答案。

Choose the correct answer according to the article.

1. 为什么很多人喜欢去"外婆家"吃饭？（   ）

    A. "外婆家"在学校旁边。

    B. "外婆家"人很少。

    C. "外婆家"的菜又便宜又好吃。

2. 在"外婆家"，两个老人为什么忽然大声说话？（   ）

    A. 他们在吵架。

    B. 他们在争着付钱。

    C. 他们觉得菜不好吃。

3. 现在，年轻人一起吃饭，他们可能怎么付钱？（   ）

    A. 都不想付钱。

    B. 都争着付钱。

    C. 每个人付自己的钱。

二、根据文章判断正误。

Tell right or wrong according to the article.

（   ）1. "外婆家"是一个饭店的名字。

（   ）2. 周末，杰克和朋友去"外婆家"吃饭，排了半个小时的队。

（   ）3. 外婆红烧肉和茶香鸡是"外婆家"最有名的菜，但是味道不好。

8 明前龙井

超纲词

绿茶 lǜchá | green tea

之一 zhīyī | one of

很多人都喜欢喝茶，但是不同国家的人有不同的喝茶习惯。在
Hěnduō rén dōu xǐhuan hēchá， dànshì bùtóng guójiā de rén yǒu bùtóng de hēchá xíguàn. Zài

中国，人们从早上到晚上，什么时候都可以喝茶。
Zhōngguó， rénmen cóng zǎoshang dào wǎnshang， shénme shíhou dōu kěyǐ hēchá.

西湖龙井是中国最有名的绿茶之一。西湖龙井来自浙江省
Xīhú Lóngjǐng shì Zhōngguó zuì yǒumíng de lǜchá zhīyī. Xīhú Lóngjǐng láizì Zhèjiāng Shěng

杭州市西湖旁边的龙井村，已经有一千二百多年了。爱喝茶的人都
Hángzhōu Shì Xīhú pángbiān de Lóngjǐng Cūn， yǐjing yǒu yìqiān èrbǎi duō nián le. Ài hēchá de rén dōu

知道，最贵最好的西湖龙井是清明节前的。
zhīdào， zuì guì zuì hǎo de Xīhú Lóngjǐng shì Qīngmíng Jié qián de.

本级词

| 不同 bùtóng \| different | 习惯 xíguàn \| habit | 来自 láizì \| (to come) from |

清明节，是4月4日到4月6日 中 的一天。
Qīngmíng Jié， shì 4 yuè 4 rì dào 4 yuè 6 rì zhōng de yì tiān.

清明节是 中国 的二十四节气之一，也是 中国
Qīngmíng Jié shì Zhōngguó de èrshísì jiéqi zhīyī， yěshì Zhōngguó

的 传统 节日。清明节前采的西湖 龙井叫
de chuántǒng jiérì. Qīngmíng Jié qián cǎi de Xīhú Lóngjǐng jiào

明前 龙井。生活在西湖边的人们 常 常 会在 清明节前采茶叶，
Míngqián Lóngjǐng. Shēnghuó zài Xīhú biān de rénmen chángcháng huì zài Qīngmíng Jié qián cǎi cháyè，

这个时候的茶叶非常少，价格也很高。这是因为 清明节前气温低，
zhège shíhou de cháyè fēicháng shǎo， jiàgé yě hěn gāo. Zhè shì yīnwèi Qīngmíng Jié qián qìwēn dī，

很少下雨，所以茶树 长 得很 慢，质量非常好，味道也最浓。过了
hěn shǎo xiàyǔ， suǒyǐ cháshù zhǎng de hěn màn， zhìliàng fēicháng hǎo， wèidào yě zuì nóng. Guòle

清明节，气温变高，茶叶 长 得很快，越来越多，价格也就慢慢地
Qīngmíng Jié， qìwēn biàngāo， cháyè zhǎng de hěn kuài， yuèláiyuè duō， jiàgé yě jiù mànmàn de

变得便宜了。
biànde piányi le.

超纲词

采 cǎi | to collect

浓 nóng | strong, dense

本级词

气温 qìwēn | air temperature

低 dī | low

长 zhǎng | to grow

明前 龙井 还有一个名字，
Míngqián Lóngjǐng háiyǒu yí gè míngzi，

叫"女儿红"。很早以前，明前
jiào "Nǚ'érhóng"。Hěn zǎo yǐqián，Míngqián

龙井 要 让 没有结婚的女孩子来
Lóngjǐng yào ràng méiyou jiéhūn de nǚháizi lái

采，而且不能用手，要用嘴唇去采。
cǎi，érqiě bùnéng yòng shǒu，yào yòng zuǐchún qù cǎi.

现在，虽然已经不用 嘴唇来采茶，但还是要
Xiànzài，suīrán yǐjīng bú yòng zuǐchún lái cǎichá，dàn háishì yào

用 特别的方法，比如，要 小心地采下茶叶，不能 让 茶叶在 手 上 放
yòng tèbié de fāngfǎ，bǐrú，yào xiǎoxīn de cǎixià cháyè，bùnéng ràng cháyè zài shǒushàng fàng

太 长 时间，因为如果茶叶在 手 上 的时间很 长，那么手的温度就会
tài cháng shíjiān，yīnwèi rúguǒ cháyè zài shǒushàng de shíjiān hěn cháng，nàme shǒu de wēndù jiù huì

让 茶叶 变 红。
ràng cháyè biàn hóng.

这么 少 这么贵的 明前 龙井，放到 水里
Zhème shǎo zhème guì de Míngqián Lóngjǐng，fàngdào shuǐlǐ

后，不但茶的颜色漂亮，而且很好喝，好 像
hòu，búdàn chá de yánsè piàoliang，érqiě hěn hǎohē，hǎoxiàng

每一口都 能 喝到春天的味道。
měi yì kǒu dōu néng hēdào chūntiān de wèidào.

超纲词

结婚 jiéhūn | to marry

嘴唇 zuǐchún | lips

本级词

方法 fāngfǎ	method	变 biàn	to change	好像 hǎoxiàng	it looks as if ...
小心 xiǎoxīn	careful, carefully	红 hóng	red	春天 chūntiān	spring
温度 wēndù	temperature	这么 zhème	such, so	

注释:

明前龙井 Míngqián Lóngjǐng
The Longjing tea picked and made before the Pure Brightness Festival.

清明节 Qīngmíng Jié
The Pure Brightness Festival, falling between April 4 and April 6.

二十四节气 èrshísì jiéqì
The twenty-four solar terms making up a year in the traditional Chinese calendar:
立春, 雨水, 惊蛰, 春分, 清明, 谷雨, 立夏, 小满, 芒种, 夏至, 小暑, 大暑, 立秋,
处暑, 白露, 秋分, 寒露, 霜降, 立冬, 小雪, 大雪, 冬至, 小寒, 大寒.

练 习

一、根据文章选择正确答案。

Choose the correct answer according to the article.

1. 下面哪一天可能是清明节？（　　　）

　　A. 4月3日。　　　　　　B. 4月6日。　　　　　　C. 3月4日。

2. 明前龙井为什么很贵？（　　　）

　　A. 清明节前，茶树长得慢，茶叶很少。

　　B. 清明节前，茶叶质量好，味道浓。

　　C. A和B都对。

3. 关于明前龙井，下面哪句话不对？（　　　）

　　A. 很早以前，明前龙井要让没有结婚的女孩儿来采。

　　B. 很早以前，明前龙井可以用手去采，也可以用嘴唇去采。

　　C. 必须小心地采明前龙井，不能让茶叶在手上留太长时间。

二、根据文章判断正误。

Tell right or wrong according to the article.

（　　　）1. 在中国，人们只在早上喝茶。

（　　　）2. 清明节以后，茶叶的价格就便宜了。

（　　　）3. 明前龙井还有一个名字叫"女儿红"。

9 坐火车去
北京旅行

杰克来 中国 学习已经一年 多了，有时候他非常 想家。下个月妈妈
Jiékè lái Zhōngguó xuéxí yǐjīng yì nián duō le ， yǒushíhou tā fēicháng xiǎngjiā. Xià gè yuè māma

和妹妹要来 中国 看他，杰克非常 高兴。虽然他学习很 忙 ，但是他
hé mèimei yào lái Zhōngguó kàn tā ， Jiékè fēicháng gāoxìng. Suīrán tā xuéxí hěn máng ， dànshì tā

还是打算 请假 三 天，跟妈妈和妹妹一起去北京旅行。可是怎么去北京呢？
háishì dǎsuàn qǐngjià sān tiān ， gēn māma hé mèimei yìqǐ qù Běijīng lǚxíng. Kěshì zěnme qù Běijīng ne ？

妈妈觉得坐飞机好，坐飞机只要 两 个小时，非常 方便。杰克觉得
Māma juéde zuò fēijī hǎo， zuò fēijī zhǐ yào liǎng gè xiǎoshí， fēicháng fāngbiàn. Jiékè juéde

超纲词

风景 fēngjǐng | scenery

美食 měishí | delicious food

推荐 tuījiàn | to recommend

坐飞机虽然 省 时间，但是在 上 边 什么 也
zuò fēijī suīrán shěng shíjiān， dànshì zài shàngbian shénme yě

看不见，起飞 的时候还很不舒服。他喜欢坐
kànbújiàn， qǐfēi de shíhou hái hěn bù shūfu. Tā xǐhuan zuò

火车旅行，在火车 上 可以看 风景，火车
huǒchē lǚxíng， zài huǒchē shàng kěyǐ kàn fēngjǐng， huǒchē

到 站 了，还可以下去 活 动 活动，买一点这个地方的 美食。而且，坐
dàozhàn le， hái kěyǐ xiàqu huódòng huódòng， mǎi yìdiǎn zhège dìfang de měishí. Érqiě， zuò

火车还可以提高汉语水平，让他更了解中国。因为坐火车的时间
huǒchē hái kěyǐ tígāo Hànyǔ shuǐpíng， ràng tā gèng liǎojiě Zhōngguó. Yīnwèi zuò huǒchē de shíjiān

一般都很长，所以人们会在火车上吃零食、聊天。中国人都很
yìbān dōu hěn cháng， suǒyǐ rénmen huì zài huǒchē shàng chī língshí， liáotiān. Zhōngguó rén dōu hěn

热情，知道杰克是外国人，会教他说一些他不会说的词语，给他介绍
rèqíng， zhīdào Jiékè shì wàiguórén， huì jiāo tā shuō yìxiē tā búhuì shuō de cíyǔ， gěi tā jièshào

中国的美食，推荐他去一些好玩的地方。更重要的是，坐火车还
Zhōngguó de měishí， tuījiàn tā qù yìxiē hǎowán de dìfang. Gèng zhòngyào de shì， zuò huǒchē hái

可以认识新朋友。去年，杰克坐火车去西安旅行，发现坐在他旁边
kěyǐ rènshi xīn péngyou. Qùnián， Jiékè zuò huǒchē qù Xī'ān lǚxíng， fāxiàn zuò zài tā pángbiān

的人是他学校的中国学生，他们虽然在学校没有见过面，但是在
de rén shì tā xuéxiào de Zhōngguó xuéshēng， tāmen suīrán zài xuéxiào méiyǒu jiànguò miàn， dànshì zài

本级词

省 shěng | to save (money, time, etc.)

起飞 qǐfēi | to take off

站 zhàn | station

活动 huódòng | to move about, to exercise

提高 tígāo | to increase

水平 shuǐpíng | level

长 cháng | long

热情 rèqíng | warm-hearted

词语 cíyǔ | words and phrases

超纲词

发达 fādá | developed

城市 chéngshì | city

共享单车 gòngxiǎngdānchē | shared bike

火车 上 开心地聊天，后来这个 中国 学生 成了杰克的好 朋 友 。
huǒchē shàng kāixīn de liáotiān ， hòulái zhège Zhōngguó xuéshēng chéngle Jiékè de hǎopéngyou.

妹妹 说 ， 虽然 坐 火 车 很好 ， 可是 她 觉得 开车 更 自由 ， 而且 到了
Mèimei shuō ， suīrán zuò huǒchē hěnhǎo ， kěshì tā juéde kāichē gèng zìyóu ， érqiě dàole

北京， 如果 有 自己 的 汽车 ， 到 哪里 都 很 方便 。 杰克告诉妹妹， 北京
Běijīng ， rúguǒ yǒu zìjǐ de qìchē ， dào nǎli dōu hěn fāngbiàn. Jiékè gàosu mèimei， Běijīng

的 交通 非常 发达， 火车 站 旁边 就有地铁 站 ， 坐地铁可以 去北京的
de jiāotōng fēicháng fādá ， huǒchē zhàn pángbiān jiù yǒu dìtiě zhàn， zuò dìtiě kěyǐ qù Běijīng de

大部分 地方。 城 市 里 一般 都 有 地铁 或者 公 共 汽 车 ， 从 地铁 站 或者
dàbùfen dìfang. Chéngshì lǐ yìbān dōu yǒu dìtiě huòzhě gōnggòngqìchē ， cóng dìtiě zhàn huòzhě

公 共 汽 车 站 出来， 如果 不想 走路， 还 可以 骑 共 享 单 车 ， 又 便宜 又
gōnggòngqìchē zhàn chūlái ， rúguǒ bùxiǎng zǒulù ， hái kěyǐ qí gòngxiǎngdānchē ， yòu piányi yòu

好。
hǎo.

听 了杰克的介绍， 妈妈 和 妹妹 打算 坐 火车 去北京旅行。
Tīng le Jiékè de jièshào ， māma hé mèimei dǎsuàn zuò huǒchē qù Běijīng lǚxíng.

本级词

后来 hòulái | later

成 chéng | to become

自由 zìyóu | free

交通 jiāotōng | traffic

地铁 dìtiě | subway, metro

大部分 dàbùfen | most

公共汽车 gōnggòngqìchē | bus

骑 qí | to ride

练 习

一、根据文章选择正确答案。

Choose the correct answer according to the article.

1. 妈妈为什么觉得坐飞机好？（　　　　）

A. 飞机票很便宜。

B. 坐飞机很方便。

C. 可以和中国人聊天。

2. 下面哪个不是坐火车的好处？（　　　　）

A. 可以省时间。

B. 可以看风景。

C. 可以认识新朋友。

3. 妹妹觉得怎么去北京最好？（　　　　）

A. 坐飞机。　　　　　B. 坐火车。　　　　　C. 开车。

二、根据文章判断正误。

Tell right or wrong according to the article.

（　　　）1. 杰克刚来中国，学习不太忙，打算跟妈妈和妹妹一起去北京旅
行。

（　　　）2. 杰克觉得飞机起飞的时候很不舒服。

（　　　）3. 在北京，交通很发达，坐地铁可以去大部分地方。

10 抓周

生日，对 每个 人 都 是 特别 的 一 天。怎么 过 生日，不同 的 国家 有 不同
Shēngrì， duì měi gè rén dōu shì tèbié de yì tiān。 Zěnme guò shēngrì， bùtóng de guójiā yǒu bùtóng

的 习俗。在 中国，一般 很 重视 老人 和 孩子 的 生日，每 一 年 的 生日 都
de xísú。 Zài Zhōngguó， yìbān hěn zhòngshì lǎorén hé háizi de shēngrì， měi yì nián de shēngrì dōu

是 一 次 家庭 聚会。在 中国 的 传统 习俗 中，生日 要 吃 面条 和 鸡蛋。
shì yí cì jiātíng jùhuì。 Zài Zhōngguó de chuántǒng xísú zhōng， shēngrì yào chī miàntiáo hé jīdàn。

每 个 人 的 第一 个 生日 是 一 周岁 的 时候，这 也 是 人 在 一生 中 最 重要
Měi gè rén de dì-yī gè shēngrì shì yì zhōusuì de shíhou， zhè yě shì rén zài yìshēng zhōng zuì zhòngyào

的 生日。孩子 一 周岁 生日 那 天，在 孩子 旁边 放 上 一些 东西，比如
de shēngrì。 Háizi yì zhōusuì shēngrì nà tiān， zài háizi pángbiān fàngshàng yìxiē dōngxi， bǐrú

书、笔、钱、食物 什么 的，让 孩子 随便 抓。这 就 是 "抓 周"。因为 每
shū、 bǐ、 qián、 shíwù shénme de， ràng háizi suíbiàn zhuā。 Zhè jiù shì "zhuāzhōu"。 Yīnwèi měi

个 东西 都 有 它 表示 的 意思，所以 孩子 抓 到 什么 就 表示 他 以后 可能 发展 的
gè dōngxi dōu yǒu tā biǎoshì de yìsi， suǒyǐ háizi zhuādào shénme jiù biǎoshì tā yǐhòu kěnéng fāzhǎn de

方 向。
fāngxiàng.

上 个 周末 我 参加 了 朋友 家 孩子 的 一
Shàng gè zhōumò wǒ cānjiāle péngyou jiā háizi de yì

周岁 生日 聚会 ，最 有 意思 的 就是 "抓 周"。
zhōusuì shēngrì jùhuì， zuì yǒuyìsi de jiùshì "zhuā zhōu"。

抓 周 开始 前 ，很 多 东西 已经 放 在 一块
Zhuā zhōu kāishǐ qián， hěnduō dōngxi yǐjīng fàngzài yí kuài

很 大 的 红布 上 了 ，爷爷 奶奶 坐 在 旁边 的 椅子 上 ，其他 人 有 的 准备
hěn dà de hóngbù shàng le， yéye nǎinai zuòzài pángbiān de yǐzi shàng， qítā rén yǒude zhǔnbèi

照 相 ，有 的 准备 录像。小 孩子 洗 完 澡 ，穿着 漂亮 的 衣服 从 房间
zhàoxiàng， yǒude zhǔnbèi lùxiàng。 Xiǎoháizi xǐ wán zǎo， chuānzhe piàoliang de yīfu cóng fángjiān

里 出来 了。妈妈 把 孩子 放 在 地上 ，让 他 往 前 爬 ，同时 大声 说：
lǐ chūlái le。 Māma bǎ háizi fàngzài dìshàng， ràng tā wǎng qián pá， tóngshí dàshēng shuō：

"抓 周 现在 开始！" 孩子 往 前边 看 了 看 ，就 开心 地 爬 了 过去。
"Zhuā zhōu xiànzài kāishǐ！" Háizi wǎng qiánbiān kànle kàn， jiù kāixīn de pále guòqù。

这时 ，大家 都 安静 了 下来 ，看 孩子 会 选 什么。红布 上 有些 东西 是
Zhèshí， dàjiā dōu ānjìngle xiàlái， kàn háizi huì xuǎn shénme。 Hóngbù shàng yǒuxiē dōngxi shì

这个 孩子 以前 没有 见过 的 ，他 从 左 到 右 看 了 看 ，左手 很 快 地 抓 了
zhège háizi yǐqián méiyǒu jiànguò de， tā cóng zuǒ dào yòu kànle kàn， zuǒshǒu hěnkuài de zhuāle

超纲词

红布 hóngbù | red cloth

录像 lùxiàng | to record a video

本级词

参加 cānjiā | to participate in

椅子 yǐzi | chair

其他 qítā | other

照相 zhàoxiàng | to take photographs

往 wǎng | towards

爬 pá | to climb

同时 tóngshí | meanwhile

这时 zhèshí | at this time

选 xuǎn | to choose

见过 jiànguò | to have seen

一支 漂亮 的笔，拿在 手 上 玩。大家 一下
yìzhī piàoliang de bǐ , ná zài shǒushang wán. Dàjiā yíxià

就 高兴 起来，说 这 孩子 以后 想 当 老师
jiù gāoxìng qǐlái , shuō zhè háizi yǐhòu xiǎng dāng lǎoshī

呢。过了 一会儿，孩子 右手 又 拿起了 一个
ne. Guòle yíhuìr , háizi yòushǒu yòu náqǐle yí gè

超纲词

计算器 jìsuànqì | calculator

计算器——他 是 又 想 当 老师 又 想 做 商人 呢！忽然，小朋友 又
jìsuànqì —— tā shì yòu xiǎng dāng lǎoshī yòu xiǎng zuò shāngrén ne ! Hūrán , xiǎopéngyou yòu

往 旁边 爬了 过去，抓起 一个 大包子 大口 吃了 起来。大家 大笑，说 这个
wǎngpángbiān pále guòqù , zhuāqǐ yí gè dà bāozi dàkǒu chīle qǐlái . Dàjiā dàxiào , shuō zhège

小朋友 是 不是 饿了？奶奶 说，抓 周 的 时候 选 食物 说明 小朋友 以后
xiǎopéngyou shì bú shì è le ? Nǎinai shuō , zhuā zhōu de shíhou xuǎn shíwù shuōmíng xiǎopéngyou yǐhòu

一定 会 有 很多 好吃的，会 生活 得 很好！
yídìng huì yǒu hěnduō hǎochī de , huì shēnghuó de hěnhǎo !

注释:

抓 周 zhuāzhōu
When a child is one year old, adults place daily necessities in front of the child, let him/her grab them at will without guidance, and predict his/her future and interests according to the first caught item.

本级词

当 dāng | to be

说明 shuōmíng | to explain, to show

商人 shāngrén | businessman

练 习

一、根据文章选择正确答案。

Choose the correct answer according to the article.

1. 在中国，生日常常吃什么？（　　　）

A. 面条。　　　　　　B. 鸡蛋。　　　　　　C. 面条和鸡蛋。

2. 抓周的时候，孩子第一个抓了什么？（　　　）

A. 笔。　　　　　　B. 包子。　　　　　　C. 计算器。

3. 抓周的时候，抓笔表示什么？（　　　）

A. 想写字。　　　　　　B. 想当老师。　　　　　　C. 想当商人。

二、根据文章判断正误。

Tell right or wrong according to the article.

（　　　）1. 中国人很重视老人和孩子的生日。

（　　　）2. "抓周"是在孩子一周岁生日那天进行的一个活动。

（　　　）3. 孩子在"抓周"时抓食物，意思是这个孩子以后会做饭。

11 斗蛋

超纲词

斗 dòu | to fight, to contest

粽子 zòngzi | traditional Chinese rice-pudding

游戏 yóuxì | game

网袋 wǎngdài | string bag

硬 yìng | hard

输 shū | to lose

端午节是中国的传统节日，很多地方有吃粽子、斗蛋等多种
Duānwǔ Jié shì Zhōngguó de chuántǒng jiérì, hěnduō dìfang yǒu chī zòngzi, dòu dàn děng duōzhǒng

习俗。"斗蛋"是端午节的传统习俗，也是孩子们最喜欢的游戏。
xísú. "Dòu dàn" shì Duānwǔ Jié de chuántǒng xísú, yěshì háizimen zuì xǐhuan de yóuxì.

端午节那天，爸爸妈妈为孩子准备好几个熟的蛋、一个网袋，孩子们
Duānwǔ Jié nà tiān, bàba māma wèi háizi zhǔnbèi hǎo jǐ gè shú de dàn, yí gè wǎngdài, háizimen

就可以带出去玩了。
jiù kěyǐ dài chūqù wán le.

"斗蛋"是非常快乐的游戏。早上，孩子们高兴地出门，去找
"Dòu dàn" shì fēicháng kuàilè de yóuxì. Zǎoshang, háizimen gāoxìng de chūmén, qù zhǎo

小朋友玩。他们要比一比谁带来的蛋大，比一比谁的网袋好看，
xiǎopéngyou wán. Tāmen yào bǐ yì bǐ shuí dàilái de dàn dà, bǐ yì bǐ shuí de wǎngdài hǎokàn,

最后还要拿出蛋来比哪个更硬。蛋和蛋撞一撞，如果谁带来的蛋
zuìhòu hái yào náchū dàn lái bǐ nǎ gè gèng yìng. Dàn hé dàn zhuàng yí zhuàng, rúguǒ shuí dàilái de dàn

撞坏了，那么他就输了，然后就可以把蛋吃了。这样的游戏，孩子们
zhuànghuài le, nàme tā jiù shū le, ránhòu jiù kěyǐ bǎ dàn chī le. Zhèyàng de yóuxì, háizimen

可以开心地玩一天，一点儿也不觉得累。斗蛋还有一些好方法，比如：
kěyǐ kāixīn de wán yì tiān, yìdiǎnr yě bù juéde lèi. Dòu dàn hái yǒu yìxiē hǎo fāngfǎ, bǐrú:

本级词

蛋 dàn | egg	熟 shú | cooked	带来 dàilái | to bring
为 wèi | for	出门 chūmén | to go out	

超纲词

鸭蛋 yādàn | duck's egg

赢 yíng | to win

容易 róngyì | easily

比赛 bǐsài | match

鸭蛋比鸡蛋硬，鸭蛋常常赢，鸡蛋常常
yādàn bǐ jīdàn yìng， yādàn chángcháng yíng， jīdàn chángcháng

输；撞蛋的人容易赢，等别人来撞的人
shū； zhuàng dàn de rén róngyì yíng， děng biérén lái zhuàng de rén

常常输。
chángcháng shū。

端午节的时候，孩子们也会带着蛋去学校，
Duānwǔ Jié de shíhou， háizimen yě huì dàizhe dàn qù xuéxiào，

跟同学们进行斗蛋比赛。今年端午节那天，因为身体不好，我很晚
gēn tóngxuémen jìnxíng dòu dàn bǐsài。 Jīnnián Duānwǔ Jié nà tiān， yīnwèi shēntǐ bùhǎo， wǒ hěn wǎn

才去学校。刚走到教室就听到"加油！加油！"的声音，非常
cái qù xuéxiào。 Gāng zǒudào jiàoshì jiù tīngdào "Jiāyóu！ Jiāyóu！" de shēngyīn， fēicháng

热闹。原来同学们正在玩斗蛋游戏呢。
rènao。 Yuánlái tóngxuémen zhèngzài wán dòu dàn yóuxì ne。

本级词

进行 jìnxíng | to conduct

教室 jiàoshì | classroom

加油 jiāyóu | Come on!

同学们在带来的蛋 上 画了漂亮 的画，有的还 写 上了自己的名字，
Tóngxuémen zài dàilái de dàn shàng huàle piàoliang de huà， yǒude hái xiěshàngle zìjǐ de míngzi，

一个个蛋 像 穿上了 漂亮 衣服的小人儿！同学们 两个人一组，开始
yí gè gè dàn xiàng chuānshàngle piàoliang yīfu de xiǎorénr！Tóngxuémen liǎng gè rén yì zǔ， kāishǐ

斗蛋。赢了的同学再和别人比，看哪个蛋最硬。最后，得了第一的同学
dòudàn。 Yíngle de tóngxué zài hé biérén bǐ， kàn nǎ gè dàn zuì yìng。 Zuìhòu， déle dì-yī de tóngxué

还有礼物。比赛完了，大家一起开心地吃了好吃的鸡蛋。
háiyǒu lǐwù。 Bǐsài wánle， dàjiā yìqǐ kāixīn de chīle hǎochī de jīdàn。

吃着粽子，玩着斗蛋，端午节 成了孩子们最喜欢的节日之一。
Chīzhe zòngzi， wánzhe dòu dàn， Duānwǔ Jié chéngle háizimen zuì xǐhuan de jiérì zhīyī。

注释:

端午节 Duānwǔ Jié
The Dragon Boat Festival, the fifth day of the fifth month in the Chinese lunar calendar, usually in June.

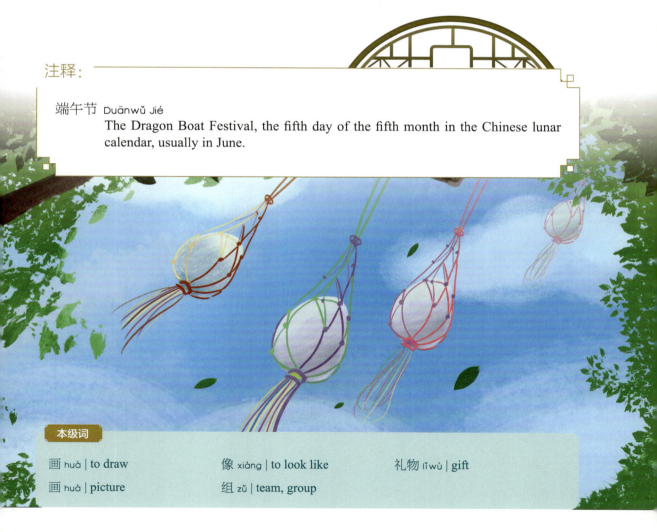

本级词

画 huà ｜ to draw	像 xiàng ｜ to look like	礼物 lǐwù ｜ gift
画 huà ｜ picture	组 zǔ ｜ team, group	

练 习

一、根据文章选择正确答案。

Choose the correct answer according to the article.

1. 斗蛋的时候，蛋撞坏后，孩子们常常做什么？（   ）

    A. 把蛋吃了。   B. 把蛋带回家。   C. 在蛋上画画。

2. 下面哪个是斗蛋的好方法？（   ）

    A. 用鸭蛋去撞鸡蛋。

    B. 用大的蛋去撞小的蛋。

    C. 让别人来撞自己的蛋。

3. 为什么蛋像穿上了漂亮衣服的小人儿？（   ）

    A. 因为孩子们在蛋上画了漂亮的画。

    B. 因为孩子们给蛋穿了衣服。

    C. 因为蛋有很多颜色。

二、根据文章判断正误。

Tell right or wrong according to the article.

（   ）1. 吃粽子和斗蛋是很多地方的端午节习俗。

（   ）2. 斗蛋比赛的时候，孩子们会比一比谁带来的蛋漂亮。

（   ）3. 因为可以吃粽子、玩斗蛋游戏，孩子们很喜欢端午节。

12 教师节快乐

超纲词

受苦 shòukǔ | to suffer

擦 cā | to wipe

终于 zhōngyú | finally

辛苦 xīnkǔ | hard, toilsome

气球 qìqiú | balloon

贺卡 hèkǎ | greeting card

今天是9月10日，<u>教师节</u>。早上，到了学校，同学们见了老师，都
Jīntiān shì 9 yuè 10 rì, Jiàoshī Jié. Zǎoshang, dàole xuéxiào, tóngxuémen jiànle lǎoshī, dōu

会大声说："老师好！节日快乐！"
huì dàshēng shuō: "Lǎoshī hǎo! Jiérì kuàilè!"

在我们班的教室里，几个同学正站在后边的那块黑板前写着
Zài wǒmen bān de jiàoshì lǐ, jǐ gè tóngxué zhèng zhànzài hòubian de nà kuài hēibǎn qián xiězhe

什么。那块黑板真是"受苦"了，同学们在它身上写了又擦，擦了
shénme. Nà kuài hēibǎn zhēnshì "shòukǔ" le, tóngxuémen zài tā shēnshàng xiěle yòu cā, cāle

又写。不知道过了多长时间，终于完成了！别的同学跑过来看，
yòu xiě. Bù zhīdào guòle duō cháng shíjiān, zhōngyú wánchéng le! Biéde tóngxué pǎo guòlái kàn,

都说很漂亮。黑板的中间写着"老师，您辛苦了！"几个大字，
dōu shuō hěn piàoliang. Hēibǎn de zhōngjiān xiězhe "Lǎoshī, nín xīnkǔ le!" jǐ gè dàzì,

旁边画着很多漂亮的鲜花和气球。
pángbiān huàzhe hěnduō piàoliang de xiānhuā hé qìqiú.

很多同学都从家里给老师带来了礼物，有的是自己在家做的贺卡，
Hěnduō tóngxué dōu cóng jiālǐ gěi lǎoshī dàiláile lǐwù, yǒude shì zìjǐ zài jiā zuò de hèkǎ,

---

本级词

| 黑板 hēibǎn \| blackboard | 完成 wánchéng \| to complete |

有的是自己画的画，有的是漂亮的鲜花。
yǒude shì zìjǐ huà de huà, yǒude shì piàoliang de xiānhuā.

<u>明 明</u>还带来了自己养的绿色植物，打算
Míngming hái dàiláile zìjǐ yǎng de lùsè zhíwù, dǎsuan

今天送给老师。
jīntiān sònggěi lǎoshī.

<u>李华</u>今天带来的礼物最特别，她带来了和妈妈一起做的一瓶 黄 桃。
Lǐ Huá jīntiān dàilái de lǐwù zuì tèbié, tā dàiláile hé māma yìqǐ zuò de yì píng huángtáo.

她对老师说："老师，这 瓶 黄 桃是我和妈妈自己做的，妈妈说吃了对
Tā duì lǎoshī shuō: "Lǎoshī, zhè píng huángtáo shì wǒ hé māma zìjǐ zuò de, māma shuō chīle duì

身体有好处，祝 您桃李 满 天下！"
shēntǐ yǒu hǎochù, zhù nín táolǐ mǎn tiānxià!"

超纲词

植物 zhíwù | plant

黄桃 huángtáo | yellow peach

本级词

养 yǎng | to grow, to raise

送给 sònggěi | to send

瓶 píng | bottle

好处 hǎochù | benefit

下午下课后，同学们 唱 起了歌，歌
Xiàwǔ xiàkè hòu， tóngxuémen chàng qǐle gē， gē

的名字是《老师的生日》。大家 唱 着好听
de míngzi shì 《 Lǎoshī de shēngrì 》. Dàjiā chàng zhe hǎotīng

的歌，表达自己对老师的感谢，祝老师节日
de gē， biǎodá zìjǐ duì lǎoshī de gǎnxiè， zhù lǎoshī jiérì

快乐。
kuàilè.

放学前，老师对大家说："今天非常感谢同学们！老师觉得，
Fàngxué qián， lǎoshī duì dàjiā shuō："Jīntiān fēicháng gǎnxiè tóngxuémen！ Lǎoshī juéde，

同学们的认真、努力是老师最好的礼物，希望大家以后都 能 更 努力地
tóngxuémen de rènzhēn， nǔlì shì lǎoshī zuìhǎo de lǐwù， xīwàng dàjiā yǐhòu dōu nénggèng nǔlì de

学习！还有啊，你们的爸爸妈妈是你们的第一个老师，你们更 应该 感谢
xuéxí！ Háiyǒu a， nǐmen de bàba māma shì nǐmen de dì-yī gè lǎoshī， nǐmen gèng yīnggāi gǎnxiè

他们。"
tāmen. "

一声老师，一生老师！祝所有的老师们 永 远 快乐，开心每一天！
Yìshēng lǎoshī， yìshēng lǎoshī！Zhù suǒyǒu de lǎoshīmen yǒngyuǎn kuàilè， kāixīn měi yì tiān！

超纲词

表达 biǎodá | to express

希望 xīwàng | to hope

声 shēng | sound

本级词

感谢 gǎnxiè | to thank; gratitude　　应该 yīnggāi | should　　永远 yóngyuǎn | forever

努力 nǔlì | (to make) effort　　所有 suǒyǒu | all

注释

桃李满天下 táolǐ mǎn tiānxià

    "Peaches and plums" refer to all the students of a teacher, and this idiom celebrates the teacher's achievement in having students everywhere.

练 习

一、根据文章选择正确答案。

Choose the correct answer according to the article.

1. 下面哪个不是同学们带来的礼物？（　　　）

    A. 鲜花。　　　　　　　　B. 气球。　　　　　　　　C. 绿色植物。

2. 李华为什么给老师带了一瓶黄桃？（　　　）

    A. 黄桃很好吃。

    B. 老师喜欢吃黄桃。

    C. 用黄桃来祝老师桃李满天下。

3. 老师觉得下面哪个是给老师的最好的礼物？（　　）

　　A. 同学们给老师的鲜花。

　　B. 同学们给老师唱歌。

　　C. 同学们努力学习。

二、根据文章判断正误。

Tell right or wrong according to the article.

（　　　）1. 10月9日是<u>中国</u>的<u>教师节</u>。

（　　　）2. 同学们在黑板上画了鲜花和气球。

（　　　）3. 同学们用唱歌表达对老师的感谢。

13 九月初九是
重阳节

超纲词

尊敬 zūnjìng | to respect

农历 nónglì | lunar calendar

星期六 早上 ， 乐乐一家一边吃早饭一边看新闻。乐乐问："妈妈，
Xīngqīliù zǎoshang, Lèle yìjiā yìbiān chī zǎofàn yìbiān kàn xīnwén. Lèle wèn: "Māma,

今天新闻怎么讲的都是老人？"妈妈说："今天是 重 阳 节，是一个
jīntiān xīnwén zěnme jiǎng de dōushì lǎorén？" Māma shuō: "Jīntiān shì Chóngyáng Jié, shì yí gè

尊敬 老人、帮 助 老人的节日。每年的农历九月初九是 重 阳 节。"
zūnjìng lǎorén, bāngzhù lǎorén de jiérì. Měinián de nónglì jiǔyuè chūjiǔ shì Chóngyáng Jié."

"对了，昨天买的 重 阳 糕我忘记拿出来了。"妈妈一边说，一边
"Duìle, zuótiān mǎi de Chóngyáng gāo wǒ wàngjì ná chūlái le." Māma yìbiān shuō, yìbiān

去拿 重 阳 糕。
qù ná Chóngyáng gāo.

"明明，你知道 重 阳 节为什么要吃 重 阳 糕吗？"爸爸问哥哥
"Míngming, nǐ zhīdào Chóngyáng Jié wèishénme yào chī Chóngyáng gāo ma？" Bàba wèn gēge

明明。
Míngming.

明明 马上 去房间 拿来了一本书，给大家读了起来，书上是这样
Míngming mǎshàng qù fángjiān náláile yì běn shū, gěi dàjiā dúle qǐlái, shūshàng shì zhèyàng

写的：
xiě de:

本级词

帮助 bāngzhù | to help

在很早以前，一座山下住着一家
Zài hěnzǎo yǐqián， yí zuò shān xià zhùzhe yì jiā

人。一天晚上，这家的主人在回家的
rén. Yìtiān wǎnshang， zhè jiā de zhǔrén zài huíjiā de

路上碰到一个老人。老人对他说：
lùshang pèngdào yí gè lǎorén. Lǎorén duì tā shuō：

"九月初九，你家要遭灾。"他问
"Jiǔyuè chūjiǔ， nǐ jiā yào zāozāi. " Tā wèn

老人："我没做坏事，怎么会遭灾呢？"老人说："因为你是好人，我
lǎorén："Wǒ méi zuò huàishì， zěnme huì zāozāi ne？" Lǎorén shuō："Yīnwèi nǐ shì hǎorén， wǒ

才告诉你。九月初九前，你要往高的地方搬家，这样就可以避灾。"
cái gàosu nǐ. Jiǔyuè chūjiǔ qián， nǐ yào wǎng gāo de dìfang bānjiā， zhèyàng jiù kěyǐ bìzāi. "

九月初九那天早上，这家人刚爬到山上，就看见山下的房子
Jiǔyuè chūjiǔ nà tiān zǎoshang， zhè jiā rén gāng pádào shānshàng， jiù kànjiàn shānxià de fángzi

着火了。
zháohuǒ le.

后来，大家都知道了这家人九月初九爬到高的地方避灾的事。第二
Hòulái， dàjiā dōu zhīdàole zhè jiā rén jiǔyuè chūjiǔ pádào gāo de dìfang bìzāi de shì. Dì-èr

本级词

座 zuò | (a measure word for mountains, bridges, etc.)

主人 zhǔrén | master, owner

好人 hǎorén | good person

年 的 九月 初九，一些 人 怕 自己 家 也
nián de jiǔyuè chūjiǔ ， yìxiē rén pà zìjǐ jiā yě

遭灾，就 也 往 高 的 地方 搬家。
zāozāi ， jiù yě wǎng gāo de dìfang bānjiā .

可是，家 旁边 没有 山 的 人
Kěshì ， jiā pángbiān méiyou shān de rén

怎么办 呢？而且，每年 九月 初九 都
zěnmebàn ne ？ Érqiě ， měinián jiǔyuè chūjiǔ dōu

要 搬家，太 不 方便 了。后来，有人 想
yào bānjiā ， tài bù fāngbiàn le . Hòulái ， yǒurén xiǎng

出了 一 个 办法。九月 初九 做 糕 吃，"糕" 和
chūle yí gè bànfǎ . Jiǔyuè chūjiǔ zuò gāo chī ， "gāo" hé

"高" 的 发音 一样，用 吃 糕 来 表示 到 高 的 地方 避灾。从 这 以后，就
"gāo" de fāyīn yíyàng ， yòng chī gāo lái biǎoshì dào gāo de dìfang bìzāi . Cóng zhè yǐhòu ， jiù

有了 重 阳 节 吃 糕 的 习俗。
yǒule Chóngyáng Jié chī gāo de xísú .

"重 阳 节 还有 爬山、看 菊花、喝 菊花 酒 的 习俗 呢！" 明明 又 说。
"Chóngyáng Jié háiyǒu páshān ， kàn júhuā ， hē júhuā jiǔ de xísú ne ！" Míngming yòu shuō.

"明 明 说 得 很 对，所以 今天 上 午
"Míngming shuō de hěnduì ， suǒyǐ jīntiān shàngwǔ

我们 要 和 爷爷 奶奶 一起 去 爬山、看 菊花，
wǒmen yào hé yéye nǎinai yìqǐ qù páshān ， kàn júhuā ，

吃 完 饭 我们 就 出发！" 爸爸 高兴 地 说。
chī wán fàn wǒmen jiù chūfā ！ Bàba gāoxìng de shuō.

超纲词

糕 gāo | cake

发音 fāyīn | pronunciation

菊花 júhuā | chrysanthemum

本级词

有人 yǒurén | someone

办法 bànfǎ | way, solution

酒 jiǔ | alcoholic drink

爬山 páshān | to climb a mountain

出发 chūfā | to set out

注释:

重阳节　Chóngyáng Jié
The Double Ninth Festival, usually in October, dedicated to the respect for the elderly people.

练 习

一、根据文章选择正确答案。

Choose the correct answer according to the article.

1. 九月初九那天早上，主人为什么带着家人爬到山上？（　　　）

   A. 因为每年九月初九他们都去山上玩。

   B. 因为老人告诉他山上很漂亮。

   C. 因为老人告诉他到高的地方可以避灾。

2. 在重阳节，人们为什么要吃糕？（　　　）

   A. 吃了糕，可以更好地爬山。

   B. 吃了糕，表示尊敬老人。

   C. 吃了糕，表示到高的地方去避灾。

3. 下面哪个不是重阳节的习俗？（　　　）

   A. 搬家。

   B. 看菊花。

   C. 喝菊花酒。

二、根据文章判断正误。

Tell right or wrong according to the article.

（　　　　　）1. 每年的9月9日是<u>重阳节</u>。

（　　　　　）2. 现在，<u>重阳节</u>是一个尊敬老人、帮助老人的节日。

（　　　　　）3. 人们常常在<u>重阳节</u>爬山、看菊花。

14 活到老，学到老

三年前，在六十岁的时候，我退休了。上班的时候，工作
Sān nián qián, zài liùshí suì de shíhou wǒ tuìxiū le. Shàngbān de shíhou, gōngzuò

很忙，还要照顾家里，没有自己的时间。退休了，有了很多时间，
hěn máng, hái yào zhàogù jiālǐ, méiyǒu zìjǐ de shíjiān. Tuìxiū le, yǒule hěn duō shíjiān,

我可以做我喜欢的事了：学习新东西。中国人常常说"活到老，
wǒ kěyǐ zuò wǒ xǐhuan de shì le： xuéxí xīn dōngxi. Zhōngguó rén chángcháng shuō "huó dào lǎo,

学到老"，意思是，人应该学习，老了也要学习。
xué dào lǎo", yìsi shì, rén yīnggāi xuéxí, lǎo le yě yào xuéxí.

超纲词

呆 dāi | to stay

对……来说 duì … láishuō | for

退休以后，我做的第一件事是"上
Tuìxiū yǐhòu, wǒ zuò de dì-yī jiàn shì shì "shàng

大学"！年轻的时候，我没有上过大学，
dàxué"！ Niánqīng de shíhou, wǒ méiyǒu shàng guò dàxué,

白天呆在家里也没事做，所以退休的第一
báitiān dāi zài jiālǐ yě méishì zuò, suǒyǐ tuìxiū de dì-yī

天，我就去老年大学报名。老年大学里的课真多呀，唱歌、画画、
tiān, wǒ jiù qù lǎonián dàxué bàomíng. Lǎonián dàxué lǐ de kè zhēn duō ya, chànggē, huàhuà,

照相……我参加了英语学习班。为什么学英语呢？因为我的女儿在
zhàoxiàng … Wǒ cānjiāle Yīngyǔ xuéxí bān. Wèishénme xué Yīngyǔ ne？ Yīnwèi wǒ de nǚ'ér zài

国外，她的孩子们英语比汉语好。为了能和孩子们更好地说话，我
guówài, tāde háizimen Yīngyǔ bǐ Hànyǔ hǎo. Wèile néng hé háizimen gènghǎo de shuōhuà, wǒ

打算学习英语。
dǎsuan xuéxí Yīngyǔ.

可是，六个月以后，我发现对老年人来说，学习英语太难了！虽然
Kěshì, liù gè yuè yǐhòu, wǒ fāxiàn duì lǎonián rén láishuō, xuéxí Yīngyǔ tài nán le！ Suīrán

学了很多生词，但是很难记住，说得也不太流利。我不想再学习了，
xuéle hěnduō shēngcí, dànshì hěn nán jìzhù, shuō de yě bútài liúlì. Wǒ bùxiǎng zài xuéxí le,

可是没想到一件事情改变了我。那天早上起床后，儿子问我：
kěshì méi xiǎngdào yí jiàn shìqing gǎibiànle wǒ. Nà tiān zǎoshang qǐchuáng hòu, érzi wèn wǒ：

"爸爸，昨天晚上你是不是很晚才睡？我听到你在房间里说英语，
"Bàba, zuótiān wǎnshang nǐ shì bú shì hěn wǎn cái shuì？ Wǒ tīngdào nǐ zài fángjiān lǐ shuō Yīngyǔ,

很流利啊！"我对儿子说："昨天晚上我八点半就睡觉了呀！我的
hěn liúlì a！" Wǒ duì érzi shuō："Zuótiān wǎnshang wǒ bā diǎn bàn jiù shuìjiào le ya！ Wǒde

本级词

报名 bàomíng | to sign up, to enroll

英语 Yīngyǔ | English

生词 shēngcí | new words

不太 bútài | not very

流利 liúlì | fluent

事情 shìqing | thing

英语太差了，我已经不想学习了。"这时儿子
Yīngyǔ tài chà le , wǒ yǐjīng bùxiǎng xuéxí le . " Zhèshí érzi

忽然明白了，他笑着说："原来你在做梦
hūrán míngbai le , tā xiào zhe shuō : " Yuánlái nǐ zài zuòmèng

啊，一定是在梦里说英语！"儿子告诉我，
a , yídìng shì zài mèng lǐ shuō Yīngyǔ ! Érzi gàosu wǒ ,

做梦的时候我的英语说得很好，也很流利。
zuòmèng de shíhou wǒ de Yīngyǔ shuō de hěn hǎo , yě hěn liúlì .

这是为什么呢？后来，儿子在网上找到了原因。原来，人们在做梦
Zhè shì wèishénme ne ？ Hòulái , érzi zài wǎngshàng zhǎodàole yuányīn . Yuánlái , rénmen zài zuòmèng

的时候，因为很放松，所以想说的、想做的都可能比醒着的时候
de shíhou , yīnwèi hěn fàngsōng , suǒyǐ xiǎng shuō de 、 xiǎng zuò de dōu kěnéng bǐ xǐng zhe de shíhou

好。从那以后，我又有了学习英语的信心。现在我已经能和孩子们
hǎo . Cóng nà yǐhòu wǒ yòu yǒule xuéxí Yīngyǔ de xìnxīn . Xiànzài wǒ yǐjīng néng hé háizimen

用英语对话了。
yòng Yīngyǔ duìhuà le .

练习

一、根据文章选择正确答案。

Choose the correct answer according to the article.

1. 我为什么上老年大学？（　　　）

　　A. 我的儿子让我去学习。

　　B. 我想学英语。

　　C. 我退休了，有时间了。

2. 为什么我觉得对老年人来说，学习英语太难了？（　　　）

　　A. 很难记住英语的生词。

　　B. 老师说得太快了。

　　C. 没有时间说英语。

3. 我为什么又有了学习英语的信心？（　　　）

　　A. 我的英语说得越来越好。

　　B. 我的儿子帮助我学习英语。

　　C. 在梦里，我的英语说得很流利。

二、根据文章判断正误。

Tell right or wrong according to the article.

（　　　）1. 我今年63岁了。

（　　　）2. 退休前，我没有上过大学。

（　　　）3. 我学英语是为了去国外和女儿一起生活。

15 我一定要
学会用筷子

超纲词

发明 fāmíng | to invent

勺子 sháozi | spoon

叉子 chāzi | fork

传说 chuánshuō | legend

留学生马克来中国已经半年多了，汉语说得很好，也特别喜欢
Liúxuéshēng Mǎkè lái Zhōngguó yǐjīng bànnián duō le ， Hànyǔ shuō de hěn hǎo， yě tèbié xǐhuan

中国的美食，但是他的筷子一直用得不好。一天，他和中国朋友
Zhōngguó de měishí， dànshì tā de kuàizi yìzhí yòng de bù hǎo。 Yìtiān， tā hé Zhōngguó péngyou

一起吃饭的时候，他对朋友说："你们中国人为什么会发明筷子
yìqǐ chīfàn de shíhou， tā duì péngyou shuō："Nǐmen Zhōngguó rén wèishénme huì fāmíng kuàizi

这种东西，对外国人来说，用筷子吃饭太难了！"朋友笑着告诉
zhè zhǒng dōngxi， duì wàiguó rén láishuō， yòng kuàizi chīfàn tài nán le！" Péngyou xiàozhe gàosu

他，中国人很早以前也是用勺子、叉子等吃饭的，三千多年前
tā， zhōngguó rén hěnzǎo yǐqián yě shì yòng sháozi， chāzi děng chīfàn de， sānqiān duō nián qián

发明了筷子后才慢慢地不用了。筷子是最便宜但是最有用的发明之一。
fāmíngle kuàizi hòu cái mànmàn de búyòng le。 Kuàizi shì zuì piányi dànshì zuì yǒuyòng de fāmíng zhī yī。

马克很想知道：筷子是怎么出现的？为什么叫"筷子"？朋友告诉
Mǎkè hěn xiǎng zhīdào： Kuàizi shì zěnme chūxiàn de？ Wèi shénme jiào "kuàizi"？ Péngyou gàosu

马克，筷子的传说有很多，他给马克讲了其中的一个传说。
Mǎkè， kuàizi de chuánshuō yǒu hěnduō， tā gěi Mǎkè jiǎngle qízhōng de yí gè chuánshuō。

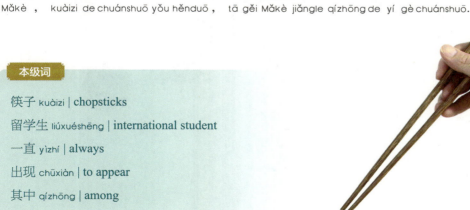

本级词

筷子 kuàizi | chopsticks

留学生 liúxuéshēng | international student

一直 yìzhí | always

出现 chūxiàn | to appear

其中 qízhōng | among

很早以前，人们吃东西都用手抓。
Hěn zǎo yǐqián, rénmen chī dōngxi dōu yòng shǒu zhuā.

有一天，两个渔夫在船上吃饭。饭很
Yǒu yì tiān, liǎng gè yúfū zài chuánshàng chīfàn. Fàn hěn

烫，他们比赛谁吃得快。一个渔夫从河边
tàng, tāmen bǐsài shuí chī de kuài. Yí gè yúfū cóng hébiān

拿了两根树枝，一边在碗里拨，一边往
nále liǎng gēn shùzhī, yìbiān zài wǎnlǐ bō, yìbiān wǎng

嘴里送饭，结果他赢了。旁边那个渔夫
zuǐlǐ sòng fàn, jiéguǒ tā yíng le. Pángbiān nàge yúfū

说："你吃得好快啊！"所以，他们把
shuō: "Nǐ chī de hǎo kuài a!" Suǒyǐ, tāmen bǎ

这两根树枝叫做"快子"。
zhè liǎng gēn shùzhī jiàozuò "kuàizi".

后来，有人用竹子做成"快子"，就把它叫做"筷子"。现在，
Hòulái, yǒurén yòng zhúzi zuòchéng "kuàizi", jiù bǎ tā jiàozuò "kuàizi". Xiànzài,

世界上每四个人中，就有一个人使用筷子。他们大部分生活在
shìjiè shàng měi sì gè rén zhōng, jiù yǒu yí gè rén shǐyòng kuàizi. Tāmen dàbùfen shēnghuó zài

东方国家。
dōngfāng guójiā.

超纲词

渔夫 yúfū | fisherman

烫 tàng | very hot

根 gēn | (a measure word for
something slender)

树枝 shùzhī | branch

拨 bō | to move/stir with hand,
stick, etc.

竹子 zhúzi | bamboo

世界 shìjiè | world

本级词

船 chuán | boat, ship

碗 wǎn | bowl

结果 jiéguǒ | result; in the end

使用 shǐyòng | to use

东方 dōngfāng | east

"原来筷子的名字是这么来的啊！" 听 完筷子的 传 说 ，马克高兴
"Yuánlái kuàizi de míngzi shì zhème lái de a！" Tīng wán kuàizi de chuánshuō， Mǎkè gāoxìng

地说。 "为了我喜欢的 中 国 美食，我一定要 学会用筷子！你能 帮我
de shuō. "Wèile wǒ xǐhuan de Zhōngguó měishí， wǒ yídìng yào xuéhuì yòng kuàizi！ Nǐ néng bāng wǒ

吗？" 马克问朋友。朋友告诉马克， 商 店 里有一 种 练习筷，马克
ma？" Mǎkè wèn péngyou. Péngyou gàosu Mǎkè， shāngdiàn lǐ yǒu yì zhǒng liànxí kuài， Mǎkè

可以去买来练习，多练习就一定 能 学会。
kěyǐ qù mǎi lái liànxí， duō liànxí jiù yídìng néng xuéhuì.

本级词

练习 liànxí | to practice

练 习

一、根据文章选择正确答案。

Choose the correct answer according to the article.

1. 中国人是什么时候开始用筷子的？ （　　　）

A. 两千多年前。

B. 三千多年前。

C. 五千多年前。

2. "筷子" 最早叫什么名字？ （　　　）

A. 树枝。　　　　　　　　B. 快子。　　　　　　　　C. 勺子。

3. 朋友告诉马克，怎么可以学会用筷子？（　　　）

    A. 用树枝来练习。

    B. 请朋友帮助练习。

    C. 用练习筷来练习。

二、根据文章判断正误。

Tell right or wrong according to the article.

（　　　）1. 马克筷子用得不好，是因为他不喜欢吃中国的美食。

（　　　）2. 因为用树枝吃饭很快，所以人们把这两根树枝叫做"快子"。

（　　　）3. 世界上用筷子的人都在东方国家。

16 上车饺子，
下车面

饺子和面条是 <u>中国</u> 人，特别是北方人，非常爱吃的两 种 食物，
Jiǎozi hé miàntiáo shì Zhōngguó rén， tèbié shì běifāng rén， fēicháng ài chī de liǎngzhǒng shíwù，

做起来也容易。在有些地方，还有这样一句话"上车饺子，下车
zuò qǐlái yě róngyì。 Zài yǒuxiē dìfang， hái yǒu zhèyàng yí jù huà "Shàngchē jiǎozi， xiàchē

面"。这是什么意思呢？
miàn"。 Zhè shì shénme yìsi ne？

上车，是坐车出发的意思，表示出门到外边去。下车是坐车 从
Shàngchē， shì zuòchē chūfā de yìsi， biǎoshì chūmén dào wàibian qù。 Xiàchē shì zuòchē cóng

外边来的意思。这句话的意思是，送人的时候给他们吃饺子，接人的
wàibian lái de yìsi。 Zhè jù huà de yìsi shì， sòng rén de shíhou gěi tāmen chī jiǎozi， jiē rén de

本级词

接 jiē | to pick up (sb.)

时候给他们吃面条。也可以叫"送别客人
shíhou gěi tāmen chī miàntiáo. Yě kěyǐ jiào "Sòngbié kèrén

的饺子，迎接客人的面条""出门饺子，
de jiǎozi, yíngjiē kèrén de miàntiáo" "Chūmén jiǎozi,

回家面"。
huíjiā miàn".

为什么出门要吃饺子，回来要吃
Wèishénme chūmén yào chī jiǎozi, huílái yào chī

面条呢？那是因为饺子的样子像元宝，
miàntiáo ne? Nà shì yīnwèi jiǎozi de yàngzi xiàng yuánbǎo,

元宝是中国以前的一种钱。"上车
yuánbǎo shì Zhōngguó yǐqián de yì zhǒng qián. "Shàngchē

饺子"是对出门的人的一种祝愿，希望出去做生意或者学习的
jiǎozi" shì duì chūmén de rén de yì zhǒng zhùyuàn, xīwàng chūqù zuò shēngyi huòzhě xuéxí de

人吃了饺子后，可以得到很多钱或者取得好的成绩。而且饺子是把
rén chīle jiǎozi hòu, kěyǐ dédào hěnduō qián huòzhě qǔdé hǎo de chéngjì. Érqiě jiǎozi shì bǎ

东西包起来的，所以也表示团圆，对出门去外边的人，家里希望
dōngxi bāo qǐlái de, suǒyǐ yě biǎoshì tuányuán, duì chūmén qù wàibian de rén, jiālǐ xīwàng

他们能平安回来和家人团圆。还有人说，饺子可以一口就吃下去，
tāmen néng píng'ān huílái hé jiārén tuányuán. Hái yǒurén shuō, jiǎozi kěyǐ yìkǒu jiù chī xiàqu,

很方便，出门前吃饺子也是祝愿出门的人平安、顺利。
hěn fāngbiàn, chūmén qián chī jiǎozi yě shì zhùyuàn chūmén de rén píng'ān, shùnlì.

迎接客人或者给回家的人吃面条，有几个原因。一是因为回家的
Yíngjiē kèrén huòzhě gěi huíjiā de rén chī miàntiáo, yǒu jǐ gè yuányīn. Yī shì yīnwèi huíjiā de

人坐了很长时间的车，已经很累了，吃一碗热热的面条，更容易
rén zuòle hěn cháng shíjiān de chē, yǐjīng hěn lèi le, chī yì wǎn rèrè de miàntiáo, gèng róngyì

超纲词

消化 xiāohuà | to digest

长久 chángjiǔ | for a long time

消化。二是因为面条是 长 长 的，表示
xiāohuà. Èr shì yīnwèi miàntiáo shì chángcháng de， biǎoshì

长 久。迎接客人或者家人的时候吃面条，
chángjiǔ. Yíngjiē kèrén huòzhě jiārén de shíhou chī miàntiáo，

是希望他们能 很 长 时间地呆在这里。
shì xīwàng tāmen néng hěncháng shíjiān de dāizài zhèlǐ.

"上 车 饺子，下车 面" 主要是 中 国 北方的习俗。从 这句话也
"Shàngchē jiǎozi， xiàchē miàn" zhǔyào shì Zhōngguó běifāng de xísú. Cóng zhè jù huà yě

可以了解到 北方 人对出门和回家这 两 件事的重视。
kěyǐ liǎojiě dào běifāng rén duì chūmén hé huíjiā zhè liǎng jiàn shì de zhòngshì.

本级词

主要 zhǔyào | main, mainly

北方 běifāng | north

练 习

一、根据文章选择正确答案。

Choose the correct answer according to the article.

1. "上车饺子，下车面"是什么意思？（　　　）

　　A. 回来要吃饺子，出去要吃面条。

　　B. 送别客人吃饺子，迎接客人吃面条。

　　C. 迎接客人吃饺子，送别客人吃面条。

2. 为什么出门要吃饺子？（　　　）

　　A. 希望出门的人可以得到很多钱，或者取得好的成绩。

　　B. 希望出门的人能平安回来和家人团圆。

　　C. A和B都对。

3. 关于吃面条的原因，下面哪个说法不对？（　　　）

　　A. 面条很容易消化。

　　B. 面条表示长久。

　　C. 吃面条很方便。

二、根据文章判断正误。

Tell right or wrong according to the article.

（　　　）1. 饺子和面条是<u>中国</u>南方人特别喜欢的食物。

（　　　）2. "上车饺子，下车面"也可以叫"出门饺子，回家面"。

（　　　）3. 饺子的样子像元宝，所以饺子表示团圆。

17 弟弟有三个名字

超纲词

国庆节 Guóqìng Jié | the National Day

舅舅 jiùjiu | uncle

取名字 qǔ míngzi | to give name to

每个人 都 有自己的名字，每个人的名字都 有特别的 故事。我们家
Měi gè rén dōu yǒu zìjǐ de míngzi, měi gè rén de míngzi dōu yǒu tèbié de gùshi. Wǒmen jiā

有 三个人的名字最特别。
yǒu sān gè rén de míngzi zuì tèbié.

我的爸爸叫李国庆，那是因为爸爸是在 国庆节 出生 的。奶奶说，
Wǒ de bàba jiào Lǐ Guóqìng, nà shì yīnwèi bàba shì zài Guóqìng Jié chūshēng de. Nǎinai shuō,

那时候想了很多名字，都觉得不满意，后来觉得这个特别好，祝国家
nà shíhou xiǎngle hěnduō míngzi, dōu juéde bù mǎnyì, hòulái juéde zhège tèbié hǎo, zhù guójiā

越来越好！我发现跟爸爸差不多大的很多人名字都 叫"国庆"，那时候
yuèláiyuè hǎo! Wǒ fāxiàn gēn bàba chàbuduō dà de hěnduō rén míngzi dōu jiào "Guóqìng", nàshíhou

的人 都特别喜欢 用 这个名字来表示 对国家的爱。
de rén dōu tèbié xǐhuan yòng zhège míngzi lái biǎoshì duì guójiā de ài.

我的舅舅姓 梅，这个姓 很难 取名字。第一，"梅"和"没"的
Wǒde jiùjiu xìng Méi, zhège xìng hěn nán qǔ míngzi. Dì-yī, "Méi" hé "méi" de

发音一样，感觉叫什么就没什么，比如，如果叫"梅安"，听起来 像
fāyīn yíyàng, gǎnjué jiào shénme jiù méi shénme, bǐrú, rúguǒ jiào "Méi Ān", tīng qǐlái xiàng

"没安"，"没有 平安"的意思。第二，"梅"是花的名字，但是舅舅
"méi'ān", "méiyǒu píng'ān" de yìsi. Dì-èr, "Méi" shì huā de míngzi, dànshì jiùjiu

---

本级词

故事 gùshi | story	差不多 chàbuduō | almost (the same)
出生 chūshēng | to be born	姓 xìng | surname
满意 mǎnyì | to be satisfied; satisfactory	感觉 gǎnjué | to feel

是男的，很难取好听的名字。大家想了
shì nán de, hěnnán qǔ hǎotīng de míngzi. Dàjiā xiǎngle

很 长 时间，最后给舅舅取了一个不错的
hěncháng shíjiān, zuìhòu gěi jiùjiu qǔle yí gè búcuò de

名字：梅 冷 杰。这是外婆 想 出来的。
míngzi: Méi Lěngjié. Zhè shì wàipó xiǎng chūlái de.

她说梅花开在 冬天 很 冷 的时候，希望
Tā shuō méihuā kāi zài dōngtiān hěn lěng de shíhou, xīwàng

舅舅 像 梅花 一样，做一个 杰出的人。
jiùjiu xiàng méihuā yíyàng, zuò yí gè jiéchū de rén.

超纲词

梅花 méihuā | plum blossom
杰出 jiéchū | outstanding
航行 hángxíng | to navigate by water
大名 dàmíng | formal name
小名 xiǎomíng | pet name

弟弟是家里最小的孩子，才五岁，但是他有 三个名字。
Dìdi shì jiālǐ zuìxiǎo de háizi, cái wǔ suì, dànshì tā yǒu sān gè míngzi.

弟弟的第一个名字是李子航，和大部分 中国 人一样，弟弟跟爸爸
Dìdi de dì-yī gè míngzi shì Lǐ Zǐháng, hé dàbùfen Zhōngguó rén yíyàng, dìdi gēn bàba

姓，爸爸姓李，所以弟弟就姓李。爸爸妈妈希望弟弟长大后，能像
xìng, bàba xìng Lǐ, suǒyǐ dìdi jiù xìng Lǐ. Bàba māma xīwàng dìdi zhǎngdàhòu, néng xiàng

小 船 一样在大海里航行。"李子航"是弟弟
xiǎochuán yíyàng zài dàhǎi lǐ hángxíng. "Lǐ Zǐháng" shì dìdi

的大名。
de dàmíng.

第二个名字是"乐乐"，这是弟弟的
Dì-èr gè míngzi shì "Lèle", zhè shì dìdi de

小 名。在 中国，一般 小 名 应该
xiǎomíng. Zài Zhōngguó, yìbān xiǎomíng yīnggāi

本级词

不错 búcuò | not bad
冬天 dōngtiān | winter
大海 dàhǎi | sea

是大名 中 的一个字，但是<u>子子</u>和 <u>航 航</u> 都不好听，而且家人都 希望
shì dàmíng zhōng de yí gè zì ，dànshì Zǐzǐ hé Hángháng dōu bù hǎotīng， érqiě jiārén dōu xīwàng

弟弟快快乐乐，所以在家里都 叫他<u>乐乐</u>。
dìdi kuàikuài-lèlè， suǒyǐ zài jiālǐ dōu jiào tā Lèle .

　　第三个名字是"小狗"。平时，奶奶不叫弟弟的大名 或者 小名，每
Dì-sān gè míngzi shì "Xiǎogǒu". Píngshí， nǎinai bú jiào dìdi de dàmíng huòzhě xiǎomíng， měi

次都 叫他"小狗"。一是因为弟弟是狗 年 出生 的，二是因为奶奶希望
cì dōu jiào tā "Xiǎogǒu". Yī shì yīnwèi dìdi shì gǒu nián chūshēng de， èr shì yīnwèi nǎinai xīwàng

弟弟像 小狗一样，身体 健康。
dìdi xiàng xiǎogǒu yíyàng， shēntǐ jiànkāng.

注释：

狗 年 gǒu nián

Year of the Dog, one of the twelve Chinese Zodiac years in China. Twelve
animals are used to symbolize Chinese people born in different years.

本级词

平时 píngshí | at ordinary times; usually

健康 jiànkāng | healthy

练 习

一、根据文章选择正确答案。

Choose the correct answer according to the article.

1. 为什么很多人的名字叫"国庆"？（　　　）

A. 他们都在<u>国庆节</u>出生。

B. 这个名字很好听。

C. 他们用这个名字表示对国家的爱。

2. 为什么"梅"这个姓很难取名字？（　　　）

A. "梅"和"没"的发音一样。

B. "梅"就是梅花，是花的名字。

C. A和B都是。

3. 哪个是弟弟的小名？（　　　）

A. <u>子航</u>。　　　　　B. <u>乐乐</u>。　　　　　C. 小狗。

二、根据文章判断正误。

Tell right or wrong according to the article.

（　　　）1. <u>李国庆</u>是我爸爸。

（　　　）2. 我舅舅的名字是<u>梅安</u>。

（　　　）3. 在<u>中国</u>，大部分孩子的姓跟他们爸爸的姓一样。

18 喝杯热水吧

超纲词

热水 rèshuǐ | hot water

感冒 gǎnmào | to have a cold

治疗 zhìliáo | to treat (a patient)

服务员 fúwùyuán | waiter

冰水 bīngshuǐ | ice water

喝 水 是 生活 的一部分，好处 很多。杰克 已经 来 中国 半年 了，他
Hē shuǐ shì shēnghuó de yíbùfen， hǎochù hěnduō. Jiékè yǐjīng lái Zhōngguó bànnián le， tā

发现 中国 的男人、女人、老人、孩子 都 特别 喜欢 喝热水。天气 冷， 喝一
fāxiàn Zhōngguó de nánrén， nǚrén， lǎorén， háizi dōu tèbié xǐhuan hē rèshuǐ. Tiānqì lěng， hē yì

杯热水吧；感冒 了，喝一杯热水吧；身体 不舒服，喝一杯热水吧。 好 像
bēi rèshuǐ ba； gǎnmào le， hē yì bēi rèshuǐ ba； shēntǐ bù shūfu， hē yì bēi rèshuǐ ba. Hǎoxiàng

喝热水 可以 治疗 所有 的病。如果 你 生气 了，喝一杯热水吧；如果 你 考试
hē rèshuǐ kěyǐ zhìliáo suǒyǒu de bìng. Rúguǒ nǐ shēngqì le， hē yì bēi rèshuǐ ba； rúguǒ nǐ kǎoshì

考 得 不好，喝一杯热水吧；如果 你 睡觉 睡 不好，喝一杯热水吧。 好 像 喝
kǎo de bùhǎo， hē yì bēi rèshuǐ ba； rúguǒ nǐ shuìjiào shuì bùhǎo， hē yìbēi rèshuǐ ba. Hǎoxiàng hē

热水 可以 治疗 所有 的坏 心情。
rèshuǐ kěyǐ zhìliáo suǒyǒu de huài xīnqíng.

在 中国 的饭店，如果 你 对 服务员 说 "给我 来一杯 水"，他们 给你
Zài Zhōngguó de fàndiàn， rúguǒ nǐ duì fúwùyuán shuō "Gěi wǒ lái yì bēi shuǐ"， tāmen gěi nǐ

的 常 常 是热水，有时候 会 是一杯热茶。所以 杰克 每次 都 要 大声 说：
de chángcháng shì rèshuǐ， yǒushíhou huì shì yì bēi rèchá. Suǒyǐ Jiékè měicì dōu yào dàshēng shuō：

"请 给我 一杯 冰水。"这 和 美国 完 全 不一样。如果 你 去 美国 的饭店
"Qǐng gěi wǒ yì bēi bīngshuǐ." Zhè hé Měiguó wánquán bù yíyàng. Rúguǒ nǐ qù Měiguó de fàndiàn

本级词

一部分 yíbùfen | a part　　　　　　　心情 xīnqíng | mood

吃饭，点菜前服务员问你想喝点什么，
chīfàn， diǎncài qián fúwùyuán wèn nǐ xiǎng hē diǎn shénme，

如果你说热水，所有的服务员都会觉得很
rúguǒ nǐ shuō rèshuǐ， suǒyǒu de fúwùyuán dōu huì juéde hěn

奇怪。他们会接着问你，要茶吗？还是要
qíguài。 Tāmen huì jiēzhe wèn nǐ， yào chá ma？ Háishi yào

咖啡？如果你还是说，热水，就是热水，服务员很可能以为你竟然想喝
kāfēi？ Rúguǒ nǐ háishì shuō， rèshuǐ， jiùshì rèshuǐ， fúwùyuán hěn kěnéng yǐwéi nǐ jìngrán xiǎng hē

洗澡水。
xǐzǎo shuǐ.

超纲词

咖啡 kāfēi | coffee
竟然 jìngrán | unexpectedly

本级词

接着 jiēzhe | next   洗澡 xǐzǎo | (to take a) bath

最近，报纸 上 有一个新闻，说的是"女人最不喜欢 男朋友 说的十
Zuìjìn, bàozhǐ shàng yǒu yí gè xīnwén, shuōde shì "Nǚrén zuì bù xǐhuan nánpéngyou shuō de shí

句话"，其中，"多喝热水"是第一。"多喝热水"在 中国 是一句流行的
jù huà", qízhōng, "duō hē rèshuǐ" shì dì-yī. "Duō hē rèshuǐ" zài Zhōngguó shì yí jù liúxíng de

话，也是一句关心 的话，可是为什么女人都不喜欢呢？杰克不明白。
huà, yě shì yí jù guānxīn de huà, kěshì wèishénme nǚrén dōu bù xǐhuan ne? Jiékè bù míngbai.

原来，虽然"喝杯热水""多喝热水"是表示关心的话，但不是
Yuánlái, suīrán "hē bēi rèshuǐ" "duō hē rèshuǐ" shì biǎoshì guānxīn de huà, dàn bú shì

所有的问题都可以用"喝杯热水"解决。如果女朋友感冒了或者心情
suǒyǒu de wèntí dōu kěyǐ yòng "hē bēi rèshuǐ" jiějué. Rúguǒ nǚpéngyou gǎnmàole huòzhě xīnqíng

不好，男朋友 都只说"喝杯热水吧"，好像 有点儿太随便了，会让
bùhǎo, nánpéngyou dōu zhǐ shuō "hē bēi rèshuǐ ba", hǎoxiàng yǒudiǎnr tài suíbiàn le, huì ràng

人觉得不是 真 正 的关心。
rén juéde bú shì zhēnzhèng de guānxīn.

本级词

最近 zuìjìn | lately, recently	流行 liúxíng | popular	真正 zhēnzhèng | real
报纸 bàozhǐ | newspaper	只 zhǐ | only	

练 习

一、根据文章选择正确答案。

Choose the correct answer according to the article.

1. 中国人觉得什么时候应该喝热水？（　　　）

　　A. 上课了。　　　　　　　B. 下班了。　　　　　　　C. 身体不舒服了。

2. 在<u>中国</u>的饭店，如果你请服务员给你一杯水，服务员常常给你什么？

（　　　）

A. 热水。　　　　　　　B. 冰水。　　　　　　　C. 咖啡。

3. 在<u>中国</u>，女人为什么不喜欢男朋友说"多喝热水"？（　　　）

A."多喝热水"太流行了，不是特别的话。

B."多喝热水"不是一句关心的话。

C. 只说"多喝热水"不是对女朋友真正的关心。

二、根据文章判断正误。

Tell right or wrong according to the article.

（　　　）1. 在<u>美国</u>，如果你对服务员说"给我一杯冰水"，服务员会觉得很奇怪。

（　　　）2."多喝热水"在<u>中国</u>是一句流行的话。

（　　　）3. 所有的问题都可以用"多喝热水"解决。

19 数九消寒

超纲词

汤圆 tāngyuán | a glutinous rice ball with various stuffing

古代 gǔdài | ancient

丰富 fēngfù | rich, plentiful

冬至是二十四节气中一个重要的节气，也是中国的传统
Dōngzhì shì èrshísì jiéqì zhōng yí gè zhòngyào de jiéqì, yě shì Zhōngguó de chuántǒng

节日。冬至也叫"小年"，是冬天的大节日，不同的地方会有一些
jiérì. Dōngzhì yě jiào "xiǎonián", shì dōngtiān de dà jiérì, bùtóng de dìfang huì yǒu yìxiē

不同的习俗，比如北方吃饺子，南方吃汤圆。"数九消寒"也是冬至
bùtóng de xísú, bǐrú běifāng chī jiǎozi, nánfāng chī tāngyuán. "Shǔ jiǔ xiāo hán" yě shì Dōngzhì

那天一个重要的习俗。
nàtiān yí gè zhòngyào de xísú.

冬至是一年中晚上的时间最长的一天。冬至以后，白天的时间
Dōngzhì shì yì nián zhōng wǎnshang de shíjiān zuì cháng de yì tiān. Dōngzhì yǐhòu, báitiān de shíjiān

就慢慢变长了，晚上的时间变短了。冬天很长，外边又很冷，
jiù mànmàn biàncháng le, wǎnshang de shíjiān biàn duǎn le. Dōngtiān hěncháng, wàibian yòu hěnlěng,

人们不愿意出门，只能呆在家里。可是在古代，没有像现在这样丰富
rénmen bú yuànyì chūmén, zhǐnéng dāizài jiālǐ. Kěshì zài gǔdài, méiyǒu xiàng xiànzài zhèyàng fēngfù

的生活，也没有电视和手机，那么他们怎么过这么长的冬天呢？
de shēnghuó, yě méiyǒu diànshì hé shǒujī, nàme tāmen zěnme guò zhème cháng de dōngtiān ne？

本级词

南方 nánfāng | south	愿意 yuànyì | to be willing to	只能 zhǐnéng | can only

人们 想出了"数九消寒"的办法，
Rénmen xiǎngchūle "shǔ jiǔ xiāo hán" de bànfǎ,

发明了"数九消寒图"。图 中 一共 有
fāmíngle "shǔ jiǔ xiāohán tú". Tú zhōng yígòng yǒu

九 朵 梅花，每朵梅花都有九 片 花瓣，
jiǔ duǒ méihuā, měi duǒ méihuā dōu yǒu jiǔ piàn huābàn,

一共 有 八 十 一 片 花瓣。每朵花是一个
yígòng yǒu bāshíyī piàn huābàn. Měi duǒ huā shì yígè

"九"，一共 有 九个"九"。人们 从 冬至 这天开始画 梅花，每天画
"jiǔ", yígòng yǒu jiǔ gè "jiǔ". Rénmen cóng Dōngzhì zhè tiān kāishǐ huà méihuā, měitiān huà

一个花瓣，画完一朵梅花要九天，全部 画完九朵梅花一共 要 八十一
yí gè huābàn, huàwán yì duǒ méihuā yào jiǔ tiān, quánbù huàwán jiǔ duǒ méihuā yígòng yào bāshíyī

天。八十一天 后 人们 完成了 这幅画，春天 也就来了。
tiān. Bāshíyī tiān hòu rénmen wánchéngle zhè fú huà, chūntiān yě jiù lái le.

现在，我们的 生 活 越来越丰富，冬至 画"数九消寒图"的人也越来越
Xiànzài, wǒmen de shēnghuó yuèláiyuè fēngfù, Dōngzhì huà "shǔ jiǔ xiāo hán tú" de rén yě yuèláiyuè

少。不过，有时候我们会看到，冬至 这一天，一些 商 店 或者 饭店会把
shǎo. Búguò, yǒushíhou wǒmen huì kàndào, Dōngzhì zhè yì tiān, yìxiē shāngdiàn huòzhě fàndiàn huì bǎ

"数九消寒图"贴在店里，让 顾客画。这也是吸引顾客的一个好 方法。
"shǔ jiǔ xiāohán tú" tiē zài diànlǐ, ràng gùkè huà. Zhè yě shì xīyǐn gùkè de yí gè hǎo fāngfǎ.

"数九消寒"也有写汉字的方法。一共 有 九个汉字，每个字都 有
"Shǔ jiǔ xiāo hán" yě yǒu xiě Hànzì de fāngfǎ. Yígòng yǒu jiǔ gè Hànzì, měi gè zì dōu yǒu

九个笔画。和画 梅花一样，也是 从 <u>冬至</u> 这天开始，每天写一个笔画，
jiǔ gè bǐhuà. Hé huà méihuā yíyàng, yě shì cóng Dōngzhì zhè tiān kāishǐ, měitiān xiě yí gè bǐhuà,

八十一天 后，九个<u>汉字</u>都写完了，春天 也就到了。
bāshíyī tiān hòu, jiǔ gè Hànzì dōu xiě wán le, chūntiān yě jiù dào le.

注释

数九消寒 shǔ jiǔ xiāo hán
　　Spending the winter by counting the days in nines.

练 习

一、根据文章选择正确答案。

　　Choose the correct answer according to the article.

　　1. 画"数九消寒图"一共要多少天？（　　　　）

　　　　A. 九天。　　　　　　　B. 十八天。　　　　　　　C. 八十一天。

2. 现在，为什么一些商店或者饭店会把"数九消寒图"贴在店里，让顾客来
   画？（　　　）

   A. 因为画"数九消寒图"是<u>冬至</u>的习俗。

   B. 因为画"数九消寒图"可以吸引顾客。

   C. 因为喜欢画"数九消寒图"的人越来越多。

3. 关于"数九消寒"，下面哪个不对？（　　　）

   A. 人们从<u>冬至</u>开始画梅花，每天画一朵梅花。

   B. 画完"数九消寒图"，春天就到了。

   C. "数九消寒"有画梅花和写<u>汉字</u>两种方法。

二、根据文章判断正误。

   Tell right or wrong according to the article.

   （　　　）1. <u>冬至</u>那天，北方人吃汤圆，南方人吃饺子。

   （　　　）2. <u>冬至</u>以后，晚上的时间慢慢变长了。

   （　　　）3. "数九消寒"有画梅花和写汉字两种方法。

20 去谁家过年

超纲词

独生子女 dúshēng zǐnǚ | only child

对每个 中国 人来说， 春节 是最重要的节日。只要有可能，每
Duì měi gè Zhōngguó rén lái shuō， Chūnjié shì zuì zhòngyào de jiérì. Zhǐyào yǒu kěnéng， měi

个人都会在春节回家。 王 方和李明都是独生子女，离开家来到了大
gè rén dōu huì zài Chūnjié huíjiā. Wáng Fāng hé Lǐ Míng dōushì dúshēng zǐnǚ， líkāi jiā láidàole dà

城市， 春节都 想回自己家里过年。因为去谁家过年的问题，他们
chéngshì， Chūnjié dōu xiǎng huí zìjǐ jiālǐ guònián. Yīnwèi qù shuí jiā guònián de wèntí， tāmen

本级词

过年 guònián | to celebrate the Spring Festival

只要 zhǐyào | as long as

每年 春节 都不太高兴，有时候 还要 吵架。
měinián Chūnjié dōu bútài gāoxìng，yǒushíhou háiyào chǎojià.

去年 春节 前，在讨论 去 谁家 过年 的时候，
Qùnián Chūnjié qián，zài tǎolùn qù shuí jiā guònián de shíhou，

两 个人 又 开始吵架。王 方 给妈妈 打 电话 说
liǎng gè rén yòu kāishǐ chǎojià. Wáng Fāng gěi māma dǎ diànhuà shuō

过年 的事，有点儿 难过。李明 给爸爸发 短信，说 过年 可能 不能 回家。
guònián de shì，yǒudiǎnr nánguò. Lǐ Míng gěi bàba fā duǎnxìn，shuō guònián kěnéng bù néng huíjiā.

买 车票 的 前 一 天，李明 答应 回 王 方家。王 方 高兴 地给妈妈 打
Mǎi chēpiào de qián yì tiān，Lǐ Míng dāyìng huí Wáng Fāng jiā. Wáng Fāng gāoxìng de gěi māma dǎ

电话。没 想到 妈妈 说，今年 别 回来 了，因为 有 几个 朋友 要来，家里 没
diànhuà. Méixiǎngdào māma shuō，jīnnián bié huílái le，yīnwèi yǒu jǐ gè péngyou yào lái，jiālǐ méi

地方 住。
dìfang zhù.

第二 天，李明 买 好了 回自己家 的 票，打电话 告诉爸爸妈妈。电话
Dì-èr tiān，Lǐ Míng mǎi hǎole huí zìjǐ jiā de piào，dǎ diànhuà gàosu bàba māma. Diànhuà

里，爸爸 说 春节 要去 海南旅行，家里 没人，让 他们 今年 别 回家 了。
lǐ，bàba shuō Chūnjié yào qù Hǎinán lǚxíng，jiālǐ méi rén，ràng tāmen jīnnián bié huíjiā le.

可是，车票 已经 买 好了，他们 觉得 还是 应该 回家 过年。
Kěshì，chēpiào yǐjīng mǎi hǎole，tāmen juéde hái shì yīnggāi huíjiā guònián.

回到家 的时候 是 除夕 的 早上。李明 家住在 一楼，有 一个 小 院子，他
Huídào jiā de shíhou shì chúxī de zǎoshang. Lǐ Míng jiā zhùzài yì lóu，yǒu yí gè xiǎo yuànzi，tā

很 远 就 看到，爸爸 站在 椅子 上 贴 春联，妈妈 在一边 看。"你们 不是 两
hěn yuǎn jiù kàndào，bàba zhànzài yǐzi shàng tiē chūnlián，māma zài yìbiān kàn. "Nǐmen búshì liǎng

超纲词

除夕 chúxī | Chinese New Year's Eve

本级词

讨论 tǎolùn | to discuss
难过 nánguò | sad
发 fā | to send

短信 duǎnxìn | short message
院子 yuànzi | courtyard

天 前 就 去 海南 了 吗？" 李明 跑 过去，
tiān qián jiù qù Hǎinán le ma？" Lǐ Míng pǎo guòqù，

帮 爸爸 一起 贴 春联。爸爸 看了 看 妈妈，
bāng bàba yìqǐ tiē chūnlián. Bàba kànle kàn māma，

笑 了 笑，说："你 妈 怕 你们 为 去 谁 家
xiào le xiào， shuō："Nǐ mā pà nǐmen wèi qù shuí jiā

过 年 的 事 吵架，就 出 了 这 个 主意。"
guònián de shì chǎojià， jiù chūle zhège zhǔyi."

李明 的 眼睛 有些 湿 了，站在 旁边 的
Lǐ Míng de yǎnjing yǒuxiē shī le， zhànzài pángbiān de

王 方，眼睛 早就 红 了。
Wáng Fāng， yǎnjing zǎo jiù hóng le.

超纲词

主意 zhǔyi | idea

湿 shī | wet

大年初三 dànián chūsān | the third
day of the year in the
Chinese lunar calendar

决定 juédìng | to decide

眼泪 yǎnlèi | tear

大年初三，他们 决定 去 王 方 家 看看。车子 到 王 方 家 的 时候，
Dànián chūsān， tāmen juédìng qù Wáng Fāng jiā kànkan. Chēzi dào Wáng Fāng jiā de shíhou，

已经 是 下午。她 家 住 三 楼，进门 后 发现 家里 很 安静，只有 妈妈 一 个 人。
yǐjīng shì xiàwǔ. Tājiā zhù sān lóu， jìnmén hòu fāxiàn jiālǐ hěn ānjìng， zhǐyǒu māma yí gè rén.

王 方 感到 很 奇怪，问 妈妈："我 爸爸 呢，跟 朋友 出去 了？" 妈妈
Wáng Fāng gǎndào hěn qíguài， wèn māma："Wǒ bàba ne， gēn péngyou chūqu le？" Māma

不好意思 地 笑了 笑，说："你 爸 一 个 人 出去 了。哪里 有 朋友？怕 你们
bùhǎoyìsī de xiàole xiào， shuō："Nǐ bà yí gè rén chūqu le. Nǎlǐ yǒu péngyou？Pà nǐmen

两 个 人 吵架，所以 才 说 有 朋友 来，这 都 是 你 爸爸 的 主意。" 王 方
liǎng gè rén chǎojià， suǒyǐ cái shuōyǒu péngyou lái， zhè dōu shì nǐ bàba de zhǔyi." Wáng Fāng

的 眼泪 掉 了 下来，李明 的 眼睛 也 红 了。
de yǎnlèi diàole xiàlai， Lǐ Míng de yǎnjing yě hóng le.

从 那 以后，王 方 和 李明 再 也 没有 为 去 谁 家 过 年 的 事 吵架 了。
Cóng nà yǐhòu， Wáng Fāng hé Lǐ Míng zài yě méiyǒu wèi qù shuí jiā guònián de shì chǎojià le.

本级词

早就 zǎojiù | long since

掉 diào | to fall

注释：

春　联　chūnlián
Couplets for the Spring Festival, with auspicious words on red paper, pasted on doors as an expression of good wishes.

练 习

一、根据文章选择正确答案。

Choose the correct answer according to the article.

1. 春节的时候，王方和李明为什么有时候会吵架？（　　　）

    A. 因为他们都不想做饭。

    B. 因为他们都想回自己的家过年。

    C. 因为他们不知道可以做什么。

2. 去年春节，李明的爸爸妈妈为什么让李明不要回家？（　　　）

    A. 他们要去海南旅行。

    B. 家里没地方住。

    C. 他们担心李明和王方吵架。

3. 王方回到家时，爸爸去哪儿了？（　　　）

    A. 爸爸和朋友一起出去了。

    B. 爸爸一个人出去了。

    C. 爸爸在家里。

二、根据文章判断正误。

Tell right or wrong according to the article.

（　　　）1. 春节的时候，很多中国人都会回家过年。

（　　　）2. 去年春节，李明和王方打算回李明家过年。

（　　　）3. 今年春节，李明和王方没有再吵架。

练习参考答案

1 热闹的晚餐
一、1. B 2. C 3. C
二、1. √ 2. × 3. ×

2 福"倒"了
一、1. B 2. C 3. B
二、1. √ 2. × 3. √

3 外婆的红包
一、1. C 2. B 3. B
二、1. √ 2. √ 3. ×

4 王朋的外卖故事
一、1. A 2. C 3. C
二、1. × 2. × 3. √

5 小小的细节
一、1. C 2. A 3. C
二、1. × 2. √ 3. √

6 在网上买东西
一、1. B 2. A 3. C
二、1. × 2. × 3. √

7 在"外婆家"吃饭
一、1. C 2. B 3. C
二、1. √ 2. × 3. ×

8 明前龙井
一、1. B 2. C 3. B
二、1. × 2. √ 3. √

9 坐火车去北京旅行
一、1. B 2. A 3. C
二、1. × 2. √ 3. √

10 抓周
一、1. C 2. A 3. B
二、1. √ 2. √ 3. ×

11 斗蛋
一、1. A 2. A 3. A
二、1. √ 2. × 3. √

12 教师节快乐
一、1. B 2. C 3. C
二、1. × 2. √ 3. √

13 九月初九是重阳节
一、1. C 2. C 3. A
二、1. × 2. √ 3. √

14 活到老，学到老
一、1. C 2. A 3. C
二、1. √ 2. √ 3. ×

15 我一定要学会用筷子
一、1. B 2. B 3. C
二、1. × 2. √ 3. ×

16 上车饺子，下车面
一、1. B 2. C 3. C
二、1. × 2. √ 3. ×

17 弟弟有三个名字
一、1. C 2. C 3. B
二、1. √ 2. × 3. √

18 喝杯热水吧
一、1. C 2. A 3. C
二、1. × 2. √ 3. ×

19 数九消寒
一、1. C 2. B 3. A
二、1. × 2. √ 3. √

20 去谁家过年
一、1. B 2. C 3. B
二、1. √ 2. × 3. √

词汇表

版权声明

为了满足全球中文学习者的需求，我们在编写本套丛书时，对标《国际中文教育中文水平等级标准》，部分课文在已有文本的基础上稍作改动，以适应中文学习者的不同水平和阅读习惯。由于诸多客观原因，虽然我们做了多方面的努力，但仍无法与部分原作者取得联系。部分作品无法确认作者信息，故未署上作者的名字，敬请谅解。

国际中文的推广任重而道远，我们希望能得到相关著作权人的理解和支持。若有版权相关问题，您可与我们联系，我们将妥善处理。

编者

2023 年 10 月

图书在版编目（CIP）数据

热闹的晚餐 / 徐新颜编. -- 上海：上海外语教育
出版社，2024
（阅读中国·外教社中文分级系列读物 / 程爱民总
主编. 二级）
ISBN 978-7-5446-7684-7

Ⅰ. ①热… Ⅱ. ①徐… Ⅲ. ①汉语—对外汉语教学—
语言读物 Ⅳ. ①H195.5

中国国家版本馆 CIP 数据核字（2023）第 074073 号

出版发行：**上海外语教育出版社**
　　　　　　（上海外国语大学内）　邮编：**200083**
电　　话：**021-65425300 (总机)**
电子邮箱：**bookinfo@sflep.com.cn**
网　　址：**http://www.sflep.com**
责任编辑：梁瀚杰
印　　刷：**上海龙腾印务有限公司**
开　　本：**787×1092　1/16**　印张 **6.5**　字数 **97 千字**
版　　次：**2024年7月第1版**　**2024年7月第1次印刷**
书　　号：**ISBN 978-7-5446-7684-7**
定　　价：**36.00 元**
本版图书如有印装质量问题，可向本社调换
质量服务热线：**4008-213-263**